U0098252

思想觀念的帶動者

文化現象的觀察者

本土經驗的整理者

生命故事的關懷者

愛兒學書系選書理念

愛兒學社會企業成立於二〇一九年，致力於推廣育兒、 親子教養與嬰幼兒心理健康。二〇二〇年，愛兒學與心靈工坊合作，成立「LoveParenting．愛兒學書系」，著重於引介嬰幼兒心智健康的相關書籍。

成為爸媽，迎接一個孩子到我們的生活，是許多人生命中最重要的一件事。不只是因為身分轉變後，我們的生活重心將重新調整，以培養這段永久的關係，更因為身為父母，我們的言行舉止會影響孩子的三觀與自我定位。因此，愛兒學相信，如果在孩子嬰幼兒期，爸媽就能跟小孩建立正向健康的「心理連結」，這份緊密的情感依附，會成為孩子日後安全感與幸福感的基礎。

建立心理連結是很美好但也很困難的事。在這個過程中身為父母的我們，必須先檢視自己的內心，坦然面對自己的情緒，才能接受最真實的自我。這麼做有時候會迫使我們回顧自己的成長經驗，與過去的自己和解，或放下心中的結。這很不容易，但卻是為人父母進而豐富人生的契機。

本於這個理念，在選書上，我們將著力於兩大方向，一是貼近大眾的親子教養類書籍，強調親子教養觀念的扎根與普及化；另一，則是探討嬰幼兒心理健康的專業理論書籍，期能藉引介國外最新的心智發展理論，培育出在地的嬰幼兒心理諮商專業人才。

愛兒學期待，藉由我們精選的育兒書籍，能陪伴你在這段旅程中，將衝突轉化為互相理解的學習機會；讓日常相處變成茁壯孩子內心的養份，和將來我們珍藏的回憶。

當孩子出現

LORSQUE L'ENFANT PARAÎT

Tome 3

愛孩子本來的樣子

讓法國教養專家刷新你的育兒視角

Françoise Dolto

馮絲瓦茲・多爾多 —— 著

單俐君 —— 譯

愛·兒·學 合作出版

目次

第2部

對家長與學習的幾個建議

推薦序一

跨越時空與文化的交流

我的母親馮絲瓦茲．多爾多（Françoise Dolto）曾說，同意製作「當孩子出現」（Lorsque l'enfant paraît）這個廣播節目，是她一生中最難下的抉擇之一。她撰寫過複雜的理論著作，但是另一方面，她始終希望透過簡單的方式以及易於理解的詞彙，讓每個人都能進入她精神分析師的知識和經驗領域裡。她曾在雜誌上寫過許多所謂「普及化」的文章，也參加過一些廣播節目。然而，以講述個案情況向聽眾充分深入回答問題的方式，卻是一項完全創新的做法，因此是有風險的。必須既不能變成無視專業上需嚴守祕密的公開諮詢，也不能是帶著教條口吻的理論課程。首先她要求只接受書面信件，因為這樣，對方就不得不思考自己的困境，進而保持一點距離。接著她要求由我來整理信件。然後我們遇到了一位出色的電台主持人傑克・琶戴勒（Jacques Pradel），他的聲音非常溫和，而且對製作這個主題很有興趣。節目開播時，他還是一位三歲女孩的父親，妻子正懷著雙胞胎，也是一位充滿熱情又有智慧的對談者，我們之間立刻萌生了默契。馮絲瓦茲・多爾多有一個非常令人愉快的特點就是：她愉悅輕鬆，又有幽默感。她甚至說自己的意見純屬個人看法，認為別人不同意她的觀點，其實是非常好的。她說話的方式非常生動傳神；當她找不到適當的詞彙時，常常習慣發明新詞，這是她一直讓編輯很傷腦筋的地方。不過她對聽眾的智慧以及父母親們的能力充滿信心，而且尊重他們，也不好為人師。偶爾有些批評的信件，她都能夠以極其寬容的態度接納。從所有這些元素裡誕生了一種獨特的化學效應，聽眾們立即報以熱烈的共鳴，「當孩子出現」廣播節目一舉成功，真是成了社會奇觀。在路上人們會停下車子收聽節目；在工作場所，員工會圍聚在收音機旁，生怕錯過任何談論的內容。

馮絲瓦茲・多爾多當時已經六十八歲了，從原來忙碌又有卓越聲譽的臨床醫師，突然成為備受追捧的公眾人物、明星，常在街上被認出來，電視和報紙也爭相邀約。她從未想過自己的生活會有如此突如其來的改變，這讓她難以接受。並且很快就明白到，名氣完全改變了她與病患之間的治療關係，有人因為慕名或好奇攜子前來求醫。她立刻決定停止在自己的診所看病，但仍然繼續接受其他專業精神分析師前來向她請益諮詢，並且繼續為收養機構裡的孩子做心理諮商，因為她認為，在那裡不會有名氣之擾。另外，她在醫院裡發明了一種特殊的教學方式：就是在一群大約二十名訓練期的精神分析師以及執業精神分析師面前進行諮商，讓學員們實地觀察她如何與嬰兒以及幼兒工作。這在當時仍屬少見，多爾多算是先驅！這種諮詢的方式令她全心投入，持續到生命終點，也就是直到她去世的前兩個月。當時她罹患肺纖維化，需要日夜供給氧氣。看病時，她隨身必備一個攜帶式氧氣筒，回到家時，總是筋疲力竭，卻十分歡喜。突來的盛名之累，迫使她必須重新規劃自己的臨床醫師生涯。為了堅持自己的道德理念，也為了將一生的經驗傳遞給那些對精神分析一無所知的人，她付出了痛苦的代價。然而她的堅持是對的，因為她深信聽眾們的智慧，終於使她贏得了這場賭注。

成功的代價

成功永遠都是必須付出代價的，尤其是如此重要的成功，更會引起嫉妒與爭議。然而也是因為這個廣播節目，讓她找到了自己一直在尋找的元素，而成就了日後「綠房子」（Maison Verte）[1]的計畫。

她在八歲時誓願要成為「教育醫師」，讓父母非常震驚，並且向她解釋這個職業不存在，她隨即回答說：「這樣的話，就來發明好啦。」而她，也確實做到了。

她關心的是如何盡可能將自己一生的專業經驗傳達給父母、醫生、教育工作者以及所有與兒童接觸的人，無論他們的職業與職位。有兩個使命驅使著她：一是她非常看重知識的分享，她認為一己的知識和努力可以讓所有的人受益。另一個是，所有重要的治療師都關注的防微杜漸，不希望見到由於無知而重複教養上的錯誤，導致神經質的痛苦、家庭緊張、學業受挫等等，讓原先有能力有智力的孩子無法在世界上獲得發揮的空間。她經常告訴我，這些工作最重要在於傳遞經驗，也就是透過治療孩子苦痛所得到的各種寶貴經驗，讓其他的孩子能夠受到更妥善的照顧。

這個節目為當時樹立下了里程碑，即使在三十多年後的今天，人們依舊熱烈又感動地談論著這個節目。我們經常在電影或電視中會聽到關於多爾多的習慣用語：她已經進入了公共領域。節目一開播，聽眾們立即深受吸引，卻也引起各方針鋒相對激烈辯論是否有權利繼續播放像這樣製作型態以及談話方式都如此不尋常的節目。另外許多精神分析學家也為之震驚，認為精神分析因此被誤導，甚至褻瀆了它原有至高無上的神聖。毫無疑問地，在精神分析專業領域中，她為盛名之累付出了代價。今日，當我們看到電視或廣播節目中肆無忌憚大談隱私，再穿插上一段膚淺的心理評論，大家卻毫不在乎的時候，再回頭看看當年這個滿懷謙虛又謹慎的廣播節目所引發的媒體風暴，真是讓人驚愕。她甚至被戲稱為「精神分析界的祖母」，大家以她的盛名為藉口，詆毀貶抑這位傑出的臨床醫師，否決她從一九八四年著作《身體的潛意識意象》（*L'image inconsciente du corps*）一書開始一生致力關於身體的潛意識意象表達非常重要的理論貢獻。她曾與拉岡（Jacques Lacan）同為佛洛伊德學派的創始人，在最後一次分裂中，有人擔心她會憑藉聲名大噪而覬覦權力，這對她來說真是相當殘酷：她對權力毫無興趣，為人非常謙遜。或許是，她已經完成了自己要做的事情的這個意念，支持著她以哲學智慧的胸襟超然地走過了這場風暴。

她去世於一九八八年，舉國同悲，葬禮由一位天主教神父、一位基督教牧師隨同一位伊斯蘭教伊瑪目以及一位猶太教拉比舉行，萬千民眾前來致意。她非常有名，但是在身為臨床醫師、理論家以及訓練師這一方面，卻又不為人深知。一部分是因為她從來不想創立學派，即使她培育了許多精神分析師，卻將這些年輕人視為同輩。她喜歡說：「我沒有學生」，也喜歡說：「千萬別做馮絲瓦茲·多爾多，要做你自己」，還會閃爍著慧黠的眼神說：「我很願意給你一些建議，只要你保證不照著做。」

幕後故事

一九七六年十月至七八年十月兩年間，我們完全生活在「當孩子出現」廣播節目的步調中。

我們會利用一個下午的時間，來到她的診所錄製一整週的節目。每個星期我們都會收到一百封左右的信件，我會帶著五個文件夾，分裝著每一天的節目主題。由我來做前置工作：也就是選擇討論的主題以及信件，然後摘要來信綜整討論主題。我會畫出重要的段落，還會建議傑克．琵戴勒要做的提問。事實上，這些信件都太長了，根本無法全部唸出來。為了讓大家能夠思考症狀的多面意義，並且在案例之間相對比較，通常我會選出幾個相同的症狀，但背後的問題卻完全不同。即使健康的孩子有時也是會出現症狀的。接著我們會以信函通知那些預計在節目中回覆其來信的聽眾，還有那些對同一主題提出問題的聽眾，知會他們空中答問的日期。其他來信的聽眾幾乎也都會收到書面答覆。所以每次節目都是一場龐大的工程，我想大家都能夠感受到我們全心投入的誠意。這實在是令人興奮、感動又筋疲力竭的兩年。每次去母親家時，我總是隨身扛著一個裝滿信件的大書包，週末常是在口述聽寫答案中度過。與聽眾之間的對話過程真是既充實又飽滿。精彩的是聽眾來信的演進：起初我們收到的來信很簡短，解釋的也不很清楚；到了後來，信件內容又長又詳盡，細膩又聰慧，甚至十分睿智。有些信甚至長達四十幾頁，而我們需要做的，就是回答這些完全了解孩子痛苦的父母。他們已經花了很大的功夫思考過問題，只等著馮絲瓦茲．多爾多確認他們是走在正確的路上。這是一項艱鉅的任務，但讓我們感到十分振奮的是，來信展現了大家了解了面對孩子時應當抱持的態度，這實在遠遠超過了我們原先的預期。

詭祕停播

「當孩子出現」這個節目持續播出一年半的時間，給那個時代留下了永恆的印記，本身就是一件令人印象深刻的事情。節目驟然停播跟之前的廣受歡迎一樣令人驚愕，原因至今成謎。國家廣播電台更換台長，新任台長賈克琳．波堤野（Jacqueline Baudrier, 1922-2009）有一天把我們叫到她的辦公室，告訴我們她決定停播這個節目。她沒有給我們任何解釋，而是要馮絲瓦茲．多爾多像記者一樣主持另一個有關心理方面的節目，我母親當然拒絕了。她甚至提議要我母親跟兒子，當時非常受歡迎的歌手卡洛斯[2]一起演出，一起唱歌！

節目停播的消息沒有對外宣布，九月新學年開始時，聽衆們徒勞等待著他們最喜愛的節目。他們非常震驚節目竟然就這樣無聲無息地消失了，好像馮絲瓦茲．多爾多和聽衆之間的交流必須在沉默與禁言裡落幕。信件持續湧進了幾個月，我們要求電台聘雇一名祕書來回答聽衆們的信件，卻被告知：「你們不要回信就沒事了。」我們據理力爭：「身為臨床工作者，我們不能讓這些焦慮的人陷入困境中。」這整段冒險過程都精彩生動地記錄在戴樂古（Delcourt）出版社發行的漫畫書《多爾多風波》（*L'onde Dolto*）中。

我相信，在文化差異的背後，隱藏著普世人類的靈魂及其磨難。我希望台灣的讀者們能

推薦序一

夠享受自己遇上馮絲瓦茲・多爾多出其不意的回答時的樂趣，也希望你們會喜歡她細膩、溫暖、仁慈又風趣的智慧。我真是喜歡曾經發生在法國二十世紀的交流，能夠跨越時空與非常不同的讀者們相見，我要衷心感謝譯者單俐君女士，以及心靈工坊出版社提供優質中文版版本的機會。

卡特琳・多爾多醫師（Dr. Catherine Dolto）[3]

二〇二三年五月四日於巴黎

1 作者註：「綠房子」（Maison Verte）是一個歡迎父母和〇歲到四歲孩子的機構。一個初期社會化的場所，是父母孩子與接待人員之間交流的地方。原則上，有三名接待人員，包括一名男性以及至少一名精神分析師。在這裡，精神分析師不是來提供諮商而是來陪同玩耍以及彼此溝通的。孩子們必須尊重相當具體的生活規則，違規行為可以被接受也會得到詮釋，但不會受到懲罰。親子們想來就可以來，是免費的，每次只需要報上孩子的名字。接待團隊每天都會變換，讓父母和孩子可以選擇跟自己最談得來的接待團隊工作那天來到機構，讓自己有真正賓至如歸的感覺。這個概念已經獲得極大的回響，現在全世界都有「綠房子」組織。

2 譯註：Carlos，原名 Jean-Chrysostome Dolto（1943~2008），多爾多的長子，法國著名的藝人、歌手、演員。

3 譯註：Catherine Dolto，多爾多的女兒，醫生、觸覺治療師、作家，著有多本關於兒童健康的書籍。

推薦序二

教養問題古今中外皆然，原來我不孤單

萬衆矚目，整理自法國正向教養教母多爾多醫師的廣播節目「當孩子出現」訪談合輯第三集，終於要出版啦！繼第一本《孩子說不，才會去做》和第二本《孩子有話，不跟你說》，這本一樣是保有多爾多醫師風格的幽默，有點嗆辣（主持人：「母親提到：『他們在學校表現很優異……』」「得了吧！不過是七歲、兩歲半的孩子！就學校表現優異了！」），但又是真心站在孩子的立場發聲，想拉住極盡所能想鞭策出自己家裡有小天才的父母，導正一下把溺愛當愛、和父母競爭親權教養的祖父母……看多爾多醫師的書會有種穿越時空的文化交流感，原來教養問題古今中外皆然，原來我不孤單；原來當我們回歸到孩子出現時，孩子是獨立的個體，觀察孩子的反應，以孩子為主體，彼此尊重和調整教養，一切就是這麼簡單地迎刃而解。很喜歡多爾多醫師第一本書的一句話：「父母親應該明白，自己就有解決問題的方法，明瞭每個孩子以及每段親子關係都是不同的」。

多爾多醫師，這位距離我們將近半個世紀的法國正向教養前輩，她是母親、小兒科醫師同時也是兒童精神分析學家，在一九七〇年代提出的教養觀點真的是具有超越時代的前瞻性，時至今日仍是法國父母育兒的重要指南！

這系列其實是集結當時她在法國公共綜合電台主持的廣播節目「當孩子出現」回答父母的各種疑難雜症的對談。內容不會非常生硬艱澀，就是非常寫實的問題，原來五十年前的父母和現在的爸媽燒腦的問題都一樣呀！

這本書和第一本、第二本一樣，仍以保有廣播節目的對談方式書寫，彷彿我們就在和多爾多醫師進行對話。多爾多醫師以幽默的口吻融入心理及兒科專家專業，解答親子教養的棘手問題，但不是教條式地照本宣科，讀來讓人會心一笑又很有共鳴。

第三集更深入探討照顧者的心理層面，如「計畫中的寶寶還是意料外的嬰兒」；還有父母、祖父母、孩子之間的情感角力；也涵蓋了學齡前的教養疑問，如雙語現象、好奇心（鏡子、水與火）、閱讀與電視（換位思考一下，不也是我們現在面對的手機、多媒體、網路資訊衝擊？），還有義務教育、早慧教育的探討，看得我點頭如搗蒜，原來拚資優的迷思，半世紀前的法國也有啊！更感到有共鳴、被肯定的感覺是原來五十多年前的兒科醫師前輩也是一樣的看法呀！「愉悅的環境能讓孩子快樂，談主動式教學法」、「學業出色並不表示是天才，均衡發展更重要」。

其實教養書不是說明書，不是拿來鞭笞自己，而是拿來思考、討論，如何磨合出最適合自家的方式，讓彼此都更好。讀完多爾多醫師的建議，我們會有種被重新洗刷，以一種全新的觀點，聆聽孩子說的話，反思自己的回應法。

當然，裡面也可能有和我們這個時代想法抵觸的地方，那拿來討論正好呢！最後也想再次重申多爾多醫師的初衷和我的想法：

推薦序二

・所有育兒問題都不會只有一個標準答案；

・只有父母內在先穩定，覺察自己、觀察孩子，只有父母知道真正該怎麼做最適合；

・「不應該試圖培養標準兒童，把自己的孩子強行擠進一個理想兒童的模具，因為本來就沒有標準兒童」；

・而是彼此互信、互相尊重、互相磨合出最適合彼此的親子互動。

兒醫四寶媽 余琬儒（魚丸醫師）

譯序

一位實踐者的真誠與人性關懷

馮絲瓦茲．多爾多（Françoise Dolto, 1908-1988）這位法國家喻戶曉的兒科醫師以及精神分析師，終於要與台灣讀者們見面了。

第一次聽到多爾多的名字已經是二十多年前，當時我在巴黎大學教育學院求學，一個風和日麗的初秋，巴西同學克莉絲汀娜（Christina）說起馮絲瓦茲．多爾多，看我一臉茫然反倒讓她驚訝：「妳在台灣沒聽說過這位法國的精神分析師嗎?!……她在我們巴西心理學界、教育界可是影響深遠呢！」於是我跑到圖書館裡查閱相關書籍，馬上就對這位心理醫師大為折服，深深感動不已。心裡響起的第一句話，就是：「真希望有一天台灣能夠有多爾多著作的中文譯本！」而婚後第一年聖誕節，丈夫知道我很欣賞多爾多，就選了「當孩子出現」系列（Lorsque l'enfant paraît）精裝合輯送我當禮物。

到底這位作者有什麼特點立即深深地吸引了我呢？我想是感覺到一位實踐者的真誠與人性關懷穿透文字傳遞出來，簡單直接精確又深厚，同時驚訝地發現呼應了我從自己母親那裡承繼的教育基礎。不曾想過會在另一個國度由另一種文字寫出自己母親的教養態度，讀著多爾多的書，既被啓發又是如此熟悉，像是在法國遇到了另一位母親似地，既興奮又感動。兩位母親堅定開朗的特質，平易、睿智、充滿慈愛讓我如沐春風。

馮絲瓦茲．多爾多是誰？

馮絲瓦茲．多爾多出生於一九〇八年巴黎第十六區，一個有七個孩子的傳統天主教富裕家庭，她排行第四。在她還不滿十二歲時，十八歲的姊姊賈克琳死於癌症。悲痛欲絕的母親責備她沒有虔誠祈禱，要對姊姊的死亡負責。多爾多就在這樣的陰影裡充滿罪惡感地長大，她了解痛苦的感受，對那些自己無能為力而受苦的人充滿同情。母親不希望她成為一名醫生，認為那是一個不適合女性從事的職業，她勇敢堅持獲得了學士學位並繼續修習護理學，然後研習醫學。一九三九年，以「精神分析與兒童醫學」為題通過論文答辯後，多爾多開設了自己的診所並在醫院工作，同時與拉岡從事精神分析，還參與創建了巴黎佛洛伊德學派。拉岡與多爾多在工作上是完美搭檔，一個擁有概念能力，另一個富於臨床經驗，彼此信任欣賞。多爾多曾經直接地對拉岡表示：「你的演講，我聽不懂！不過偶爾當我聽懂的時候，覺得真是精采！」拉岡則回答她：「沒什麼好聽懂的，因為我的理論妳都實踐出來了。」拉岡會把最棘手的病患交給多爾多做臨床治療；他賦予多爾多法國兒童精神分析學創始者的地位，並且肯定她的語言溝通奇蹟。多爾多認為從孩子出生的那一刻起，就可以開始跟孩子說話。

一九七六年至一九七八年間，多爾多在法國公共綜合電台製作了「當孩子出現」廣播節目，為父母們的育兒問題解惑，中肯又專業地傳達一些教養的基本觀念、態度與建議。這個節目馬上大獲好評，大家爭相收聽。她讓精神分析走入家庭，傳遞聆聽溝通、通情達理與愛的藝術。聽孩子表達，跟孩子說話，改變了成年人看待孩童的視角。她認為教養的意義就在於協助孩子成長，培養孩子獨立自主的能力。在她的一生中，寫作和談論的主題都是朝著關於嬰兒和孩童的方向發展，與父母一起協助孩子成長，將孩子視作一個「完整的人」，具備表達能力，教育孩子有責任感，知曉權利與義務；提醒大人尊重孩子，不要強加給孩子罪惡感。曾經有觀眾問她，身為親子專家在與自己的孩子相處時，一定有別於一般父母相當得心應手吧。她的回答是，儘管自己的專業，在面對自己的孩子時，她就是一個普通的母親，與所有的爸媽一樣，也會有不知所措的時候。她不以專家或全知者自居，讓自己永遠是個學習者，偶爾也會很幽默地說：「如果大家都同意我的觀點，就表示我說的話不有趣。」她一再強調自己是從孩子們身上學到豐富的專業知識，孩子才是她的老師，教她聆聽、教她如何去了解。而大人不僅僅要和孩子說話，最重要的是，對孩子「說真話」。

由於廣播的大獲好評，多爾多後來根據這些對話紀錄，出版了三本與廣播節目「當孩子出現」同名的系列書籍。她一直試圖希望以「通情達理的態度，來協助遭遇到困難的父母，將一些常識帶入親子關係裡」。可惜這個節目因為電台政策改變，驟然而止。在停播事件之後，一九七九年起，多爾多創立了「綠房子」，這是一個接待父母及幼兒的機構，目的是讓孩子有一個學習社會化的地方。多爾多越來越知名，也越來越受歡迎。她讓大家知道了自己在精神分析方面的工作，尤其是在與幼兒的關係上，帶來了超前時代的創新。

馮絲瓦茲．多爾多從小接受的是嚴格的傳統教育，在已故姊姊的沉重陰影下長大。她努力從這些價值觀中解放出來，希望給孩子一個自己不曾有過的自由。她有三個孩子，大兒子卡洛斯（Carlos）是綜藝歌手演員，二兒子凱梧赫（Grégoire）是造船工程師，最小的女兒卡特琳（Catherine）也是醫師。他們對母親印象最深刻的是她快樂的個性，以及與她一起談話和遊戲的時光，她會回答孩子們提出的所有問題，即使是最大膽的問題。他們也很感謝母親從未嘗試對他們進行精神分析——感謝她一直知道如何陪伴在他們身邊簡單地做個母親，並且提到母親無論在公眾面前或者在家裡，都是表裡如一的人。曾經有記者專訪卡特琳，問她：會不會厭煩一直活在自己母親的陰影裡。卡特琳微笑地回答：「我自己倒覺得一直活在母親的光輝中。」

即使身受肺纖維化之苦，馮絲瓦茲．多爾多還是一直工作到去世前的兩個月。一九八八年八月二十五日臨終時，她說：「我已經付出一切了。現在讓我一個人靜靜地離去吧。讓我第二次誕生吧。」她要求在自己的墓碑上刻著教宗若望．保祿二世的召喚，「不要害怕」。今日法國各地約有兩百所左右的學校以馮絲瓦茲．多爾多命名，紀念她畢生的貢獻。

媽媽，多爾多，孩子與我

我的母親來自中國北方詩書世家，戰亂流離到了台灣，擔任小學基礎教育。她對孩子一直有最大的尊重，有敏感的心和強烈的意願去理解孩子；她堅持教育是良心事業，要有傳教士的熱誠，認為家長們把珍貴的孩子交到自己手中，她很了解自己的專業使命。熱愛教育工作的母親不只教學扎實活潑因材施教，並且鼓勵學生們適情適性地發展自我，與孩子們相處得非常融洽，大家都能感受到她的誠意與溫暖。而她也一直不忘感謝豐富了自己生命的學生們。母親常會跟我生動敘述著學校以及學生的事情，或者跟我討論自己的想法與做法。每當她遇到困惑不解的時候，就會說：「總是有原因的，我來想想怎麼解決問題。」多爾多也是鍥而不舍總是希望找出原因進而解決孩子與父母親的困難。這兩位女性都能在遇到問題時，冷靜實際地分析，不為問題表徵所誤導，以她們的專業與通達來安撫、建議、鼓勵當事人找到解決之道，也會傳授一些很實用的方法。在日常生活中，她們一直都是滿懷著敏銳的好奇心，善良靈動又喜歡與人談笑交流。

養育就是一代接著一代，等到我們自己生兒育女，孩子讓我們連結到自己的生長經驗，也開啟我們學習為人父母的旅程。育兒之初，我曾讀到「成為母親就是把一個女性推到瘋狂的邊緣」這句話，讓我了解為人父母是項「不可能」的任務，不過也正因為如此，我們可以試著尋找出一些「可能」的做法跟孩子一起過日子。陪伴孩子慢慢成長的過程中，我常常把自己當作牧羊人，學習尊重平等，陪伴照看傾聽了解，傳達自己所知所感，也接納他們的想法看法。珍惜與孩子相處的日常生活，點點滴滴日積月累的親子經驗，過程中遭遇過很多困惑，更共享了無比的喜悅。我在母親的養育中以及閱讀思考多爾多的著作裡得到啓發應證，充實了自己為人父母的信心。時時鼓勵我面對自己孩子的出現、陪同他們成長，也像與每個階段的自己一次又一次地對話，與孩子關係親密又要有分界，盡量尊重彼此的獨立自主。

二十多年過去了，當初閱讀時的悸動多已平靜下來。再次詳細閱讀這本書，才發覺很多理念已經潛移默化地融入到自己的生命經驗中，如同親身實證一樣。翻譯這本書不僅實現了自己多年的心願，也像在回顧自己的某一段生命歷程。每次翻譯都是不同的經驗，本書是教養問答的紀錄，雖然口語化，但用詞精確。我上網找了多爾多的訪談影片，在空閒或做飯的時候反覆聆聽，希望能夠掌握作者說話的方式、語氣，精準到位地傳達出多爾多的本意、理念與態度。本系列第三集以《愛孩子本來的樣子：讓法國教養專家刷新你的育兒視角》為書名，呈現給大家。由書中實際接觸孩童得到的寶貴經驗，多爾多建議：「每個人都要為自己的問題尋找答案」、「教育孩子並不是完全投注在孩子身上而忽略自我，更不是忽略自己的伴侶、忽略其他的孩子以及社交生活」、「父母與孩子之間的矛盾，都是因為孩子在面對別人要他們做事情的時候，沒有說『不』的自由」……現在請讀者們參考作者的專業常識，伸展自己的經驗觸角來開啓與孩子的互動，繼續豐富時時在演進的親子之旅。

感謝心靈工坊編輯團隊，總編輯徐嘉俊先生的專業選書，編輯裘佳慧小姐的悉心執行。特別要感謝當年協助多爾多廣播節目製作的女兒卡特琳・多爾多醫師書信往來裡清晰的指正說明、應邀書寫中文版推薦序並且提供照片。感謝 Bruno Mortgat 先生以及好友 Sonia 在翻譯上的大力協助，討論交流的過程中，總是讓我學習許多。也要感謝親友們的關心鼓勵。

最後　感謝

先母孫萍女士

父親單汶先生

為子女以及台灣基礎教育的耕耘。

單俐君

二〇二一年五月十八日於法國

Photo by Roger Picard / Source: Radio France

「當孩子出現」節目小組成員。左起傑克・琶戴勒、 卡特琳・多爾多以及馮絲瓦茲・多爾多，於 1977 年錄製節目時合影。

第 1 部

眼睛看到的，耳朵聽到的

1 孩子應該是在父母雙方都渴望下出生的——「計畫內的寶寶」或是「意料外的嬰兒」

從前，多子女家庭比現在來得多；然而今日，大家則傾向於由自己決定要或不要生育孩子。換句話說也就是現在的夫妻會提前「計畫」要不要有小孩。

是的，這是自由使用各種避孕方式下的結果。許多父母有計畫地生育孩子，就像有計畫地購買洗衣機、電視機一樣。可惜的是，我們卻把這種夫妻計畫生育下出生的孩子，稱為「父母渴望下出生的孩子」。然而對於本來就非常幸福的夫妻來說，「渴望下出生的孩子」應該是夫妻愛欲之下自然而然產生的結果——突然之間，夫妻二人就要做父母了。

有位女士給您來信寫道：「對我和丈夫來說，問題在於：『要不要生孩子？』這個問題並非為了呼應您節目的標題，而是因為我們夫妻目前的狀況。」她解釋說，丈夫是考古研究員，自己是放射師。她是瑞士人，由於法國不承認自己的文憑資格，因此常常是在瑞士工作，而丈夫則經常出外從事考古挖掘。她還寫道：「我們倆都很想要個寶寶，可是我們沒法想像將來如何跟一個長大的孩子生活在一起。由於我的年齡（三十四歲）以及經濟狀況等原因，我們只能生一個孩子。至於我丈夫，則完全把自己奉獻給工作了。我能理解他，因為我也同樣是個熱愛工作的人。」她自問，只是為了「有了孩子，人生才真正完整」而像所有的人一樣生個孩子，會不會斷送了他們夫妻目前的幸福生活。

首先，她說自己「已經三十四歲了」，還說「只能生一個孩子」，好像她已經是個老太太似地。總之在這方面，我可以向她保證，三十四歲是非常適合開始生育的年齡。

我也想到您會這麼回答她。

適合生育的年齡可以持續到四十歲。由於許多因素，有些時候，四十歲才生第一胎會是有點困難的；可是，三十四歲的確是生兒育女的最佳成熟年齡。當然也是可以早點生孩子的；然而，三十四歲正是女性體能以及成熟度最佳的年紀。

其次，她還說他們夫妻交往的朋友，常常跟自己類似：這群人的生活方式就像大學生一樣，每個人埋首於自己的學術研究，大家都沒有孩子。我並不以為然。我認為有了孩子之後，父母自然會去愛這個孩子，自然會設法處理一切需要面對的事情。不過在生育孩子之前，大家通常會杞人憂天。然而如果他們愛自己的孩子，即使現在從事的工作有諸多不便之處，他們還是會歡歡喜喜地陪伴孩子長大的；因為生育孩子並不只是讓孩子永遠停留在嬰兒階段：否則，豈不像是在辦家家酒。生孩子真的應該是父母雙方都渴望的；也要知道，是孩子讓一對夫妻成為父母的。了解這些事情以後，生下來的就不僅僅是個嬰兒。父母原先以為出生的是嬰兒；其實，無論是男嬰或女嬰，都是具有人格的個體。在成長的過程中，孩子能為父母開啓視野——因為孩子會不斷地提出新的問題，如此這般，夫妻才會繼續進步。如同這對夫妻，他們本就相處融洽，但就像老常客一樣，總依循已經習慣的生活模式；因為先生工作的關係，夫妻兩人必須偶爾異地生活。當然囉，她必須知道，生育孩子，生活裡的一切都會發生變化；然而，一切都是值得的。生孩子，不是為了和其他的人一樣，而是為了她自己，前提是她要有生孩子的渴望。不是由我告訴她應該怎麼做；這個問題，應該是由夫妻兩人一起討論決定的。

聽您這麼說，在「意料外的嬰兒」與「計畫內的寶寶」兩者之間，您好像比較傾向於前者。

是的。因為意料外出生的孩子，真正代表了一對夫妻的愛。而且，父母會非常高興：是孩子自己渴望降生的，就像是送給父母的驚喜。

為了避免誤解，我還是要強調一下，您剛才所說的話完全沒有否定避孕措施的實效性。

當然沒有，避孕措施是令人讚嘆的發明。不過，同時，避孕措施的出現也要求我們必須更加努力教育年輕人。因為對於那些要做好萬全準備才希望有孩子的年輕人，當他們知道如何可以避免懷孕生子之後，就會對是否決定要孩子猶豫再三。然而，對於一個人類新生命誕生所帶來的未知，我們從來都不可能做好準備的。我們可以阻止生育的發生，可是我們無法知道兩個生命結合之後會孕育出一個什麼樣的新生命。我們能做的，就是教育年輕人為將來某一天這個突然降臨的驚喜做好準備。即使採取避孕措施能夠讓人等到足夠成熟、變得有能力承擔責任後再要孩子，可是也不應該太過執著於「不成熟」這件事情上。別忘了從孩子誕生開始，孩子本身也有能力讓自己的父母變得成熟起來；孩子的父母會改變，而不會一直停留在受孕時的狀態。我舉個例子來證明：那些因為無法生育而收養孩子的夫妻，儘管原先是無法生育的，可是在撫育養子養女的過程中，常常也會達到某種身體上的成熟，讓他們能夠孕育出屬於自己的骨肉。而這個出乎意料、令人驚喜的懷孕，是多麼美好啊！

因此我們可以總結地說，是孩子讓一對夫妻變成了父親與母親。儘管夫妻倆可以掌控孕育孩子的「紅綠燈」，但是不要等到一切都盡善盡美的時候才「亮綠燈」。夫妻兩人決定：「好了，如果孩子想要出生的話，我們已經準備好迎接一個未知的孩子。」夫妻關係就會在嬰兒的幫助下獲得全新的意義。

這裡有一位母親的來信，她說她並沒有對孩子的出生做過計畫。她有一個十二歲的兒子，當她懷上兒子的時候，她和丈夫都還不夠成熟。回想起當年，現在的她分析道：「我當時也許連一般的通情達理都做不到，那時我覺得自己身心狀況都不太穩定，也不太願意接受這個孩子，以至於對他很嚴厲，會嚴苛地責罵他，也從來不會把他抱在懷裡，兒子常常哭……」

這個孩子來得太早了。

她寫道：「現在，我一點也不理解自己當時怎麼會那樣想。」她還補充了一些會讓您感興趣的內容：「假如學校可以教授年輕人一些關於兒童心理以及如何照料孩子的課程，讓年輕人對將來孕育孩子有所準備，那就太好了！」

我不認為這是一門只要坐著聆聽就行的課程。實際上，我真的認為育兒是一種生活實踐，然而這樣的實踐經驗隨著多子女家庭的消失而不復存在了。多子女家庭固然有一些不便之處，然而總地來說卻有一個很大的優點就是，能夠讓孩子覺得家裡有弟妹是再正常不過的事情，因為一路成長中都能看著弟弟妹妹長大，弟妹已然成為父母和家庭生活的一部分。而且，由於每個孩子都不一樣，所以孩子們已經獲得了小小的心理體驗，這種體驗或許無法用深奧的文字去記錄，然而卻是源自生活本身活學活用的心理學。

這個十二歲的孩子是獨生子。他太早出生了，父母當時還不夠成熟，之後也沒能夠再有其他的孩子，或者是因為這個困難的教育經驗讓他們感到恐慌，而不想再生其他的孩子。這孩子在生活中像個比自己實際年齡小的孩子一樣，總是黏著母親，要求要像小娃娃似地被撫摸，還會把自己

的指甲咬到流血……現在這位母親想知道：是否應該補償兒子小時候沒有為他做的那些事情呢？

這讓我想到有些母親會有這樣的想法：「我過去沒有好好地餵養我的孩子，沒有讓孩子喝夠奶，現在他十二歲了，我再重新餵他奶瓶，給他補上從前沒吃夠的奶吧。」不行，孩子的奶瓶階段已經結束了。他現在十二歲了，就需要像同齡的孩子一樣地生活。我認為孩子之所以這樣黏在母親身邊，是因為他沒有朋友。父母親能夠為孩子做的，就是假期帶孩子到有其他家庭度假的地方，這樣子，年齡相仿的家長們可以在一起，孩子也可以和同齡的小孩一起玩。

這位來信聽眾也提到了夏令營，她說：「孩子常常參加夏令營，可是他卻從來不覺得自在……」

因為父母沒有去……

「現在兒子完全不想再去夏令營了。他覺得只有和我們在一起才能眞正感受到快樂，今年我們就決定不讓他去夏令營了。」

這個孩子一直生活在完全封閉的三人世界裡。孩子獨自參加過夏令營，卻完全沒有成效。其實我想說的是那些可以讓父母與孩子同住的假期營地或家庭旅館。在那裡孩子們可以盡情地玩，例如與同齡的伙伴一起打排球、划船、游泳，同時也有父母親的陪伴；而成年人也可以像自己的孩子那樣痛快地玩。目前，這個孩子就像是跟老人們生活在一起似地；他已經十二歲了，加上父母又是離群索居的成年人，所以孩子覺得陷入了困境。我認為這對父母如果可以去參加類似團體假期的活動會非常有益的。這樣一來，無論對他們還是對孩子來說，生活都可以重新開始。我認為這就是他們所欠缺的。

回到這位女士剛才提到的問題，事實上我非常想訓練年輕人去照顧小孩子。不過很遺憾的是，學校沒有給十四、十五歲的青少年這樣的機會，讓他們三、四個人一組，輪流到學校的幼兒園實習，去照顧小朋友，和小朋友一起玩。說不定他們會覺得這樣的訓練很有趣呢！實習之後，可以由類似學校心理諮商師這樣的人給年輕人分析一下他們所見所聞的經驗，跟他們解釋一下自己與孩子之間所發生的關係。同時，年輕女孩們也可以做些照顧孩子的準備，或許還可以協助一些母親。可以在托兒所或幼兒園留三、四個位置給年輕女孩，讓她們可以輪流學習未來母親的角色。

現在有另一封來信詢問的是關於一個很晚出生的孩子。來信的母親已經五十三歲了，丈夫六十三歲，但兒子只有六歲。問題是這樣的：五年後，這位母親就要退休了，她寫道：「丈夫和我將搬離現在的鄉村，住到一個離大城市近一點的地方，讓孩子方便上高中。我有點擔心兒子在前青春期時，免不了會被別人問到：『這是你媽媽還是你奶奶啊？』而受到干擾。儘管我還算年輕，可是我也不可能期望自己看起來還像二十五歲或三十五歲那樣。」她丈夫卻認為這個問題無關緊要，他說，反正很多孩子都有自己的問題，比如那些異國婚姻家庭的孩子。他們的兒子也要學習直面自己的問題，也就是他有一對年紀大的父母。這位母親還寫道：「我預感到兒子有個說不出口的問題，那就是他不喜歡年紀大的人。當兒子看到電視上某個中年女歌手時，會直接說：『她好老！』，可是我卻覺得這位女歌手仍然很有魅力。又例如兒子很喜歡約翰·韋恩[1]，看了許多他的電影。最近兒子看了一部韋恩幾年前的電影，卻極度失望地說：『他怎麼這麼老！』」這就是很晚才生孩子的人會遇到的情況，孩子現在才六歲，他不喜歡老年人。另外，她還寫道：「千萬不要認為我是把拒絕變老的心態投射到自己孩子的身上。當然我跟所有的人一樣也會煩惱變老這件事情，可是僅止於此。我該怎麼辦呢？我是否應該跟兒子實話實說，告訴他我們的年齡（很顯然，他們從來沒告訴過兒子），還是晚一點再說，或者聽從丈夫的建議，什麼都不說呢？」

當然是應該把事實說出來啊！當孩子說他不喜歡老人的時候，就應該回答孩子：「你真是運氣不好，有一對年老的父母。」於是孩子就會問：「你們幾歲啊？」這個時候，母親就應該告訴孩子自己的年齡，並且給他看戶口名簿——因為孩子已經開始識字了。要讓孩子明白自己至少有權利知道父母的年齡。尤其是這位女士不要認為自己老了，因為身分證上的年齡不是評斷的標準……

評斷的標準是「動脈年齡」！[2]

還有身體各器官的年齡——既然她能夠在其他婦女不能生育的年齡有了孩子，就證明了她的生理年齡比自己認為的年齡要年輕許多。她自問：「我還年輕嗎？我老了嗎？」我能對她說的是，相較於年長的母親，那些年輕的母親反而會讓許多十四、十五歲的孩子感到不自在：因為一位年長的母親不會成為孩子想要交往的小女朋友的競爭對手。重要的是，從現在開始孩子就要知道實情。我不驚訝孩子會說：「怎麼會呢！你們才不老呢！因為你們是我的爸媽呀！」很多六歲的孩子會跑到自己二十五歲或二十八歲的母親面前宣告：「噢！妳至少有一百歲喔！」母親應該回答：「才不呢，我才沒有一百歲。」然後孩子會說：「啊！我還以為妳有一百歲呢！」就只是這樣。在孩子的眼裡，年齡跟活了多少年沒有任何關係。

不過如果孩子說出這些話，就顯示他已經知道自己父母親年紀大了？

未必。不過他應該從自己小的時候，或者當他還在搖籃裡的時候，就已經聽人說起自己父母的年齡了，因為所有的事情都會印在孩子的腦海裡。總之，正是父母告訴孩子實情的時候了。要知道對兒子而言，他們既不年輕，也不老；她就是孩子的母親，而他是孩子的父親。並且這位母親也不要為幾年後將發生的事情多慮，該發生的事情就是會發生，如此罷了。告訴孩子實情，會讓孩子更早明白要對自己負起責任。況且，說不定他的父母會是百歲人瑞呢！

最後，讓我們會心一笑地結束這次的話題吧，我們可以告訴這位來信的聽眾馬瑟．巴紐（Marcel Pagnol），在他寫的童年三部曲其中的一部書裡面講述過這樣的回憶：有一天，當時只有五、六歲的他聽到身邊的大人們提到一位「上了年紀」的姨母要來家裡，大家都說：「哎呀！她剛生孩子，真是夠晚的了！真是老來得子啊！」巴紐敘述，當這位女士帶著這個自己從未謀面的嬰兒來到時，他躡手躡腳地潛入臥室，俯身看向搖籃裡……他看到了一個膚色粉紅又沒頭髮的小嬰兒，而他原本還以為會看到一個長著鬍子的嬰兒呢！[3]

這位女士就可以跟兒子說：「你這個老來子很幸運呢，出生的時候沒有鬍子喔！」孩子會覺得很好玩的。她還可以對兒子說：「你看，那些老來子真是幸運，因為父母親考慮了很久才生下他們，孩子可以吸取自己父母所有的寶貴經驗。你真是聰明啊！在我們上了年紀的時候，選我們做你的父母。」

1 譯註：約翰·韋恩（John Wayne, 1907–1979），美國二十世紀四〇～七〇年代西部片和戰爭片著名演員，詮釋的角色都具男子氣概，綽號「公爵」（Duke）。

2 譯註：「動脈年齡」也稱「血管年齡」，指人體動脈血管老化的程度。

3 譯註：馬瑟·巴紐（Marcel Pagnol, 1895-1974），法國劇作家、小說家、電影導演。出生於法國南部，童年、青少年時期都在南法度過。先後創辦過雜誌、做過教師、創作過劇本、拍攝過電影，一九四六年當選法蘭西學院院士，逝世於巴黎。文中提到他回憶童年的三本書是在一九五七～一九五九年間創作的普羅旺斯三部曲，分別是《爸爸的榮耀》（*La Gloire de Mon Père*）、《媽媽的城堡》（*Le Château de Ma Mère*）以及《祕密時光》（*Le Temps des Secrets*），前兩部被拍成電影，廣受好評。作者在二十年後又創作了第四部有關普羅旺斯的童年回憶——《戀愛時光》（*Le Temps des amours*）。

2

你看，我摸到你了：這是我，這是你——孩子對鏡子的認識

這裡有一個非常特別的案例，我想會讓許多有雙胞胎孩子的父母親很感興趣。給我們來信的聽眾有兩個女兒，分別是七歲和五歲，還有一對三歲的雙胞胎男孩——她強調是「同卵雙胞胎」。他們住在鄉下，孩子都在距離家十幾公里外的一所學校上學（還好有校車接送）。兩個雙胞胎男孩從兩歲半開始上幼兒園，在學校過得很開心。據這位母親描述，兩個男孩平日過得像小海盜一樣地快樂。

然而，發生了一件事情：有一天早晨，雙胞胎其中一個男孩抱怨脖子痛。當時他的腮幫和耳下確實都腫了，儘管沒有發燒，母親還是把他留在家裡照看，因為擔心他可能是得了流行性腮腺

炎。母親要另外那個雙胞胎手足去上學，儘管他不太情願，還是跟著姊姊們一起出門了。被留在家裡的男孩經過父母房間時，在一面靠牆的大鏡子裡看到自己。這時候，母親聽到男孩開口詢問自己的哥哥：「是你嗎？」她一開始以為孩子在玩，可是孩子不斷地問，還哭了起來，並且向鏡子裡面的哥哥哀求：「不要拿走我的摩托車！」然而，其實是他自己坐在他所說的小摩托車上。由於男孩看起來很是絕望，母親便來到他身邊，對男孩說他看到的是自己，還指給男孩看鏡子裡面的母親，並且告訴他媽媽就在自己身邊。可是男孩依舊繼續跟哥哥說話。為了轉移孩子的注意力，母親試著帶他去信箱取信，然而男孩就是不願意離開鏡子。她在信裡寫道：「他從來沒有跟自己的哥哥穿過一樣的衣服——我們一向都把他們看作是不同的孩子。我還特意指給男孩看，鏡中自己身上穿著的不是哥哥的鞋子和褲子。於是男孩有一點明白了，然而他還是不能完全相信孿生的哥哥不在鏡子裡面，甚至還不跟自己說話，男孩表現得完全就像正在跟哥哥玩的時候一樣。讓我真正感到意外的是，他根本不是在裝模作樣，而是完完全全地被搞糊塗了。過了好長一段時間，他找來一個盒子，望著鏡子裡面的自己，就在這個時候，他叫出了自己的名字，並且說：『看！那裡（鏡子裡面）有個盒子！』」

這可真奇怪，因為這個孩子其實已經會說「我」了，並且能夠說話表達。可是突然間他卻像個比自己年齡還小的孩子一樣，使用第三人稱來表達自己。這位母親說得很對，這次不尋常的經歷確實讓孩子非常困惑！

然後，他又去拿了其他的玩具到鏡子前望著自己。母親遞給他一塊蛋糕，他就在鏡子前一邊吃一邊對自己做鬼臉。母親說：「突然，我覺得他又回到現實世界裡了。他開始一一說出自己在鏡子裡面看到的所有的東西：椅子、床鋪、窗戶、衣服等等。在他走出房間的時候說道：『我的哥哥，他在學校，一切都很好。』於是就結束了。」

這次的觀察真是非常有趣。這位母親強調自己的孩子們已經有照鏡子的經驗。由於鏡子總是放在父母親臥室裡的同一個地方，所以想必他們已經在那裡照過鏡子了。然而，都是兩個孩子在一起的時候才照鏡子的，比如一個孩子在追逐另一個孩子的時候，他們並沒有意識到鏡子裡自己的臉，而只是注意到了對方的身影。事實上，他們以為只能看到對方的身影。有一些孩子，即使不是雙胞胎，第一次在鏡子裡看到自己身影的那天，也會體驗到這種極度不尋常的感受。他們會以為是另外一個小朋友突然被魔法帶到了這個房間裡，他們對著鏡子裡的自己說話時，就像案例裡的男孩一樣，會有喪失現實感的片刻。唯一能夠讓孩子擺脫這種不安狀況的辦法就是像這位母親一樣：先到鏡子前面，跟孩子說：「你看，我摸到你了——這是我，這是你。那個冷冷的東西，是鏡子，你看到的是你在鏡子裡的影像。」不要說：「這就是你！」，而要說：「這是你的影像，這是我的影像。」然後給孩子吃一點東西，因為吃東西這件事不能在鏡子裡面發生：案例裡的雙胞胎男孩就是在吃東西和拿著盒子的時候，才反應過來鏡子裡面的人是自己。就是從跟母親一起在鏡子前照鏡子、吃東西，並且體會到食物讓自己的腸胃有真實感受的那一刻起，他才可以開始在鏡子前面自在地玩起來。我可以說，儘管這個孩子一度混淆了鏡子裡的自己與孿生兄弟的外貌，可是當他重新把注意力集中在自身消化器官的運作時，真實存在的身體感受就讓他把自己與孿生兄弟區分開來了。

3 讓孩子著迷的自然元素——火與水

讓我們重溫一句老話：大家總說不要讓孩子玩火柴、玩火。我想，現在這位來信給您的聽眾提出的問題是有理有據的。她是一位六歲小男孩的祖母。最近她在兒子和兒媳家住了一段時間，發現小孫子對火非常癡迷。她寫道：「他很小的時候就已經為生日蛋糕上的蠟燭火光著迷了；大人的手引導著他，一次又一次不停地點亮蠟燭。後來，祖父在後院燃燒荊棘與樹枝的時候，他總是看得入迷。」來到兒子兒媳家後，她才知道就在一個星期前，小孫子點燃了一床毯子，幸好家裡有人，火勢很快就被撲滅了。父母親當場告誡了孩子這樣的行為非常危險，會把整個房子給燒掉的云云。總之，他們試著跟孩子解釋可能會發生的慘劇。那次談話之後，他們發現孩子從廚房偷走了一盒火柴，然而直到目前為止，這孩子在生活中從來不會刻意掩藏——以前他拿東西的時候

（例如一把剪刀、一本書），總是會告訴大人。因此，孩子的父母不禁自問：「跟孩子溝通，真的是一點用處都沒有嗎？」接下來要講的事情可能又更嚴重一些，祖母也是為了這件事情給我們寫信的：就在祖母來訪的前一天，鄰居們看到她的小孫子點燃了附近公寓垃圾桶裡的紙張，垃圾桶接著就熔化了。另一個和她孫子在一起的男孩因為害怕馬上跑掉了；反之，孫子卻留在原地，沉迷地盯著火光。這位祖母寫道：「該怎麼辦呢？假如跟孫子溝通起不了作用的話，是不是應該懲罰他呢？怎樣才能看住他？這個年紀大的孩子是不可能二十四小時被看著的啊！是不是應該試著輕輕燒一下孩子的手，讓他知道火是危險的呢？可是，這個做法在我看來真是極端又殘忍。」有位朋友建議就讓孩子玩火玩到膩，比如強迫他把二十幾盒火柴盒裡的火柴全部點燃。這位祖母想聽聽您的看法？」

火對孩子來說，的確是個問題；因為火很危險，就像水、沙子一樣讓孩子著迷。我們都知道，有不少孩子在沙堆裡打洞，鑽進去的時候卻發生了意外窒息事故。再比方空氣，孩子們也非常喜歡放飛氣球。就像自古以來所有的人類一樣，孩子們都對自然元素著迷；然而也正因為能夠掌握各種元素，孩子才得以成長。不過，這位祖母完全沒有跟我們提到孫子成長到哪個階段了。儘管她跟我們說了孩子的出生日期，可是完全沒有提到孩子手部的靈活度、語言詞彙程度、在學的狀況，以及孫子與成年人以及其他孩子之間社交的方式……

她只提到孫子是獨生子，他的父母親正打算很快再有第二個孩子。

她也提到關於孫子過去一個非常重要的細節。她寫道：有一次過生日的時候，因為孫子年紀還太小，一位大人便抓起孩子的手引導他一次又一次地點燃蛋糕上的蠟燭。然而，大人其實根本就不應該引導並協助孩子去做一件還不被允許可以獨自去做的事情！這一點非常重要，因為火是會讓人著迷的。我在想這個男孩是不是希望像小時候一樣，找到「一雙手」來引導自己做所有的事情呢？他是否不自覺地回想起生日那天多麼不可思議地點燃了蠟燭。突然間，可以像大人一樣做一件危險的事情；然而，卻完全沒有意識到自己當時是在大人的幫助下才完成這件事的！

就像有些父親坐在方向盤前開車的時候，會把孩子抱在腿上，為了讓孩子身歷其境體驗「開車」。這種做法非常糟糕！更有甚者，當孩子更大一些（十一、十二歲），並知曉開車要領的時候，大人便讓孩子開車。可是，法律禁止任何人在沒有按照規定考取駕照之前開車上路。這種行為同樣極其危險：因為這意味著孩子的父親是違法之徒，觸犯了約束全體公民的法律。

現在，在這個特殊案例裡，鄰居給祖母提供的建議是強迫小男孩點燃二十幾盒火柴，然而這又有什麼意義呢？是為了讓他生厭嗎？然而，並非藉由讓孩子對事情感到厭煩，就可以幫助到他。鑑於火象徵著欲望，對於這位目前六歲的男孩，我認為應該由孩子的父親來幫助他比較適當，會比由一位女性來得合適。祖母的角色則是應該看好孩子，跟孩子講一講火的話題，也可以讓孩子把火畫下來。每次祖母做跟火有關的事情時（比如點燃煤氣，或者如果家裡有壁爐，在她點燃木柴的時候），應該要教導孩子火的實際功能：「我示範給你看。」要慢慢地做給孩子看，不要手把手地教，而是一邊做給孩子看，一邊向他解釋。之後，再讓孩子重複一樣的動作。如果有一點危險，像是孩子燒到自己了，祖母可以叮囑：「你看，你燒到自己了！如果你像我一樣小心，而不是亂做一通，就不會燒到自己。」應該給孩子示範正確的使用方式，來教導孩子一些實際上合宜的動作。

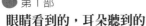

那要不要把火柴鎖起來呢？

這是不可能的，因為孩子一定可以在其他的地方得到火柴的。相反地，我認為父親可以在一個不危險的地方（比如洗碗槽裡）點火，並對孩子說：「你聽好了，既然你這麼喜歡火，我們兩個就花點時間來講講火吧！我們用半個小時、一個小時的時間來談談這個話題。既然你這麼想看到火，那麼我們就來點火吧。」同時對孩子解釋為什麼火很危險，對吧？懲罰一個玩火的孩子是完全沒有用的，因為火對孩子的吸引力源自一種最深層的無意識行為。應該讓孩子有能力控制自己（玩火的欲望），並且知道不能在會引起危險的地方點火。在父親的協助下，孩子是能夠做到的。

我補充一下，孩子意識到母親可能會懷孕，因此六歲的他格外需要父親的關注與愛護——孩子不僅需要父親跟他解釋這個吸引自己並且令自己著迷的火究竟是什麼，也需要父親為他解釋自己對於生命的種種疑問。

是的，我自己也見過一個八、九個月大的小女孩看到木柴燃燒之後，對她產生的影響。小女孩平日住在城裡，一次去鄉下的時候見到有人升火，之後就沒有什麼機會再見到火了。一年、一年半過去了，她還是會再講到火。只要小女孩一看到什麼東西被點燃了，就會說出一些語詞：像是「火」、「木頭」、「劈里啪啦」、「燒火的聲音」等等。她看起來有點著魔，燃火的景象已經深深烙印在她的心裡。

我對這件事情很感興趣。在過去，壁爐裡總是燒著柴火。我們成年人都知道，沉浸凝望著爐火燃燒，忘卻時間，是多麼令人入迷啊！如今，隨著室內中央暖氣設備的普及，我們幾乎沒有機會像過去的孩子一樣去發現火的魅力了。

過去，大家晚上都會待在壁爐前。

是啊。父母親會在壁爐前做些家務，孩子可以看到父母如何點燃爐火、如何添加木柴保持爐火旺盛等等。或許前面提到的那個小男孩，除了由大人手把手地引導自己點燃蠟燭之外，在小男孩身上可能還曾經發生過其他的事情，像是有過經歷火災或者對火著迷的記憶。我並不知道實際的情況。總之，如果我們想要幫助這個小男孩的話，就應該採取我剛才講過的方式。

這裡有兩封來信談到同一個問題：就是某些孩子怕水的問題，並且會以非常不同的方式表現出怕水的情形。第一封來信的母親有個十五個月大的女兒怕水，甚至是怕到厭惡；她還怕雨、怕兒童澡盆等等。這位母親寫道：「她會大聲尖叫！該怎麼辦呢？我強調一下，我都會用溫度計測量，所以沒有水溫過燙方面的問題。我也試過把玩具放進澡盆裡，可是完全沒有用。我該怎麼做呢？難道要抱著女兒一起泡在浴缸裡嗎？可是這樣做，會不會讓孩子養成不好的習慣呢？目前，

我是不是應該耐心等待，也就是說讓她站在大浴巾上幫她擦澡就好了？我應該帶她玩水嗎？」

另外一封來信的情況有些不同。他們住在海邊，有一個十九個月大的兒子。去年整個冬天，小男孩都沒有怕過水；可是到了夏天，當父母親想讓孩子去海邊踩踩水時，才發現他竟然極度恐慌。這位母親寫道：「也許是有一天孩子在海邊丟石子的時候，曾經被一陣海浪撲倒過。從此以後，就再也無法帶他靠近有水的地方。」這位母親嘗試過所有的辦法，像是把孩子抱在懷裡，帶著孩子一起。然而，即使孩子本人不是在水邊，只要看到自己的父母走向水邊，都會讓他尖聲驚叫起來。

這兩個案例很不一樣，因為先前那個小女孩是**一直**都怕水的，甚至連浴缸裡的水都會怕。而後來這個小男孩的例子則是比較常見到的情況。

第一個小女孩的例子，我不知道原因。母親可以用站在水邊玩水的方式來幫助女兒，例如在一個洗臉盆或者小木桶邊玩水。如果她家正好有個小花園，並且有一小堆沙子的話，可以放一個小桶子在女兒身邊，讓她能夠攪拌著水和沙子來玩。用手來玩水的遊戲能夠讓孩子安心，並且能夠訓練雙手靈活。我認為這個小女孩完全到了玩水的年齡。我們可以在盆裡放一些會沉下去又漂浮起來的小東西，像是玩具小娃娃、奶瓶、一些可以用來把水倒來倒去的小杯子、小鍋子以及其他一些扮家家酒的小餐具，讓孩子玩「洗碗」的遊戲。

我們要把這些玩水的時間與洗澡的時間分開來嗎？

當然！孩子可以穿上防水圍裙來玩水，以免把衣服弄濕，有時候可以每天玩上兩、三個小時。然而，泡澡則完全不同：因為浴缸裡的水駕馭著孩子，孩子就像水裡的物件。可是在小盆旁玩水則正好相反：水是物件，孩子則是水的主宰。所有的父母親都應該讓自己的孩子這麼玩：小孩需要玩水，父母親絕對不要因此對孩子發脾氣。如果孩子第一次或第二次從浴室出來時弄濕了其他房間，不要責罵孩子，而是要責備孩子的濕腳丫把水帶出了浴室。另外，也要考慮到玩水會讓孩子想尿尿，這種情況下，就要在旁邊準備一個小尿盆，即使孩子玩水的時候尿濕了自己的紙尿褲，也不要責備孩子。

至於第二個案例裡的小男孩，一直到十九個月大的時候完全不怕水……

……小男孩以前甚至在冬天也渴望去海邊。父母親甚至得對他說：「現在是冬天，你不

能……」

……這是經常會見到的情形。有些孩子直到十八、十九、二十個月大的時候，絲毫沒有危險的意識。那個小女孩懼怕的不是真正的危險，卻像是得了某種畏懼症。然而這個小男孩，曾經像所有的孩子那樣一見到水就想跳進去，通常小孩子都是很喜歡水的。可是卻發生了一件事情：一個浪頭打得他跌倒了，儘管當下孩子似乎沒有被海浪嚇著，而是事後，孩子卻怕了起來（或者可能是這件事情惹惱了孩子）。總之，這件事情即使當時沒有發生，也會在下一年發生的，因為孩子至少需要一個季節來學習觀察、了解大海與海浪的危險。即使孩子不會在水裡走多遠，但是他還沒有足夠的自信去面對這片波浪起伏的汪洋大海。我認為不應該強迫孩子，尤其是不應該嘲笑他／她，千萬不要說孩子是膽小鬼！

目前就等等，明年再看看情況是否有所改進吧！

是，等明年再看看情況，和其他孩子一起去海邊玩。不過在家時，孩子也可以在淨身器[1]旁玩水還有可放在水裡的小玩具，一定很棒。這樣孩子絕對不會害怕，還能夠重拾信心，因為他的雙腳穩穩地踩在地上，並且能夠學會用自己的雙手來掌控水。

我們經常會說到嬰幼兒游泳，把嬰幼兒放進游泳池水裡，到底好不好呢？

為什麼會不好呢？嬰幼兒時期，孩子是完全不會害怕的。教練、母親或父親抱著孩子潛入水裡，必須學著不呼吸；然而，孩子本能地就會這麼做了。真是奇妙。如果我沒有讀過一些相關的文章及案例的話，我不會想到這一點的，但事實的確如此。只是要小心：在泳池裡，這些孩子與自己的母親在一起，可是，在大海裡，孩子的反應就會與前面來信中的小男孩一樣了。因為當孩子站在海裡，不斷湧來的浪花在退去的時候會把腳下的泥沙帶走，我們在海邊時都曾經有過這種奇怪的感受。為了不再懼怕這種令人費解的感受，就要讓孩子確信自己是能夠駕馭水的主人，而且孩子的雙腿與雙腳也要非常靈活才可以。

1 譯註：淨身器（法文 bidet），歐洲傳統常見的釉陶瓷質清洗設備，主要用於個人下身衛生潔淨。

4 當電腦電路相互糾纏——雙語現象

關於家長們提出的一些有關雙語兒童的問題，有一天您曾經徵求聽眾現身說法，這裡就有幾個相關的案例。第一個實例是一位住在西班牙的法國先生，他的兒子們會西、法雙語，而且輕輕鬆鬆地又學會了另外兩種外語。他還給您提供了另外一個例子，是一位小女孩，父親是德國人，母親是英國人，父母之間說的是法語，而保姆是義大利人。這個小女孩到了八歲才會說話，可是一下子就會說四種語言了。

啊，是喔！這個案例非常耐人尋味！事實上，這是由於語言學習就像一部電腦的組織與安裝一樣。的確，有些孩子在開始說話之前有一段很長的時間都不曾開口說話；然後，突然之間就說話說得非常流利。另外有些孩子很早就開始牙牙學語，持續很長一段時間都說話含糊不清，之後也很少能夠說話流利。只有那些在很短時間內學會說話的孩子，才能夠把話說得流利。也正因如此，不應該在語言學習上過度催促孩子。

在這個家庭裡，家人一定會認為是由於多語的環境才延遲孩子學會說話的時間。鑒於小女孩之後一下子就會說四種語言，我們可以知道她一定跟這四位說著不同語言的人有表情和肢體動作的交流。從八歲開始，孩子會脫離第一次性徵發育過程中導致戀父（母）情結所帶來的問題——因此一旦從戀父（母）情結中走出來，並且把注意力轉移到社交方面，這個小女孩就能夠毫無困難地說出四種語言。小女孩一定經歷過不少的困難，不過她沒有被羈絆住，因為她的父母並不焦慮。有一點非常重要，就是只要孩子能夠藉由各式各樣的肢體語言來交流，父母親就不要因為孩子不說話而過於焦慮。大家應該擔心的是那些自我封閉、與他人沒有眼神的交流、無法了解對方說的話也無法彼此了解，並且不玩耍的孩子。這個案例裡提到的小女孩應該是個活潑的孩子；只不過，她身處的多語環境就像相互糾纏的「電腦電路」一樣。

這裡還有一些「電路混亂」的問題。許多雙語家庭的夫妻都會自問，應該優先使用哪一種語言

來跟孩子說話。這裡有一個發生在一九三八年至一九四〇年間的實例，非常能夠用來說明這個問題，我認為應該會讓許多父母親很感興趣。這位母親在信中寫道：「我是個說德語的奧地利人，過去我們在家裡跟兒子說德語。」三〇年代經濟大蕭條時期，他們曾經在蒂霍爾地區（Tyrol）一個農場住了幾年。他們在家裡一直都是說德語，在農場裡大家說的是蒂霍爾方言。孩子非常能夠區分德語以及當地的這個方言。可是一九三八年時，這家人移民到了祕魯，並且把當時五歲半的兒子送到當地一所英語和祕魯西班牙語的雙語學校，讓孩子在一個過渡班級裡學習。那時，孩子既不會說西班牙語也不會說英語。母親在信中寫道：「當時根本不可能把孩子送到德語學校，因為那是一所納粹黨經營的學校。」因此，他們寧願把孩子送到一間語言完全陌生的學校。有一天在課堂上，這個既不會說英語、也不會說西班牙語的沉默的孩子，突然站到自己的書桌上，開始發瘋似地尖叫起來。老師找來一位會說德語的小朋友，小朋友首先用德語對他說：「你不是瘋了吧？」這位離鄉背井的小男孩立刻停止喊叫，冷靜了下來。之後很快地，這個孩子就像突然之間開竅了一樣，從此說起一口流利的祕魯西班牙語和英語了。

這個故事真是太神奇了。這位祕魯老師處理人際關係的智慧實在太出色了：他會想到去找另一個小孩，讓這個孩子以兒童的聲音，並且是小男孩幼年時使用的語言，來對他說出「有沒有發瘋」這樣的語詞。當時這個小男孩正因為不能表達自我，而覺得自己快瘋了！因此才出現了這幕憤怒爆發的場面。幸虧在老師的幫助下，在衆人面前突然聽到了自己童年時的語言，的確讓這個孩子把自己的童年與當下聯結起來：他發現自己還能夠聽到另外一位小朋友說出這個只剩下自己父母親仍然在說的語言——顯示他並沒有完全因為語言的緣故，而被孤立在當下身處的團體之外。這個故事一定會讓語言學家、語言治療師以及社會學家感興趣。

這位女聽眾幾天後又給您寫信，補充一些內容。這個案例裡的小男孩現在已經四十多歲了，是一位外科醫生，妻子是法國人，並育有三個男孩。不過與我們討論的主題有直接關係的是，他曾經在十二歲的時候遭遇過一些問題：他在社交生活裡，還存留了一些童年時期的心理創傷。當時他就讀於一所英語中學，跟同學之間出現了很嚴重的問題。他母親毫不猶豫地求助一位經驗豐富的心理醫生。這位醫生只用了四次會談，就讓孩子從自己所處的困境中走出來了。

這也是很重要的，因為許多家長都不知道，當一個孩子因為與同學相處時出現問題而受到心理創傷時，求助心理治療師是非常恰當的做法；而且，當孩子對此表現得很積極主動時，也正是尋求這類心理協助的時候。前青春期（prépuberté）[1]的階段，有時候這方面的問題很快就能夠被解決。

她還寫說，兒子在快到十六歲的時候，又出現了新的問題，她在信裡講述了自己如何應對這樣的情況：「我對他說，我知道他遭遇到困難；我還說，在他這個年紀，所有的人都會有些問題，可是不會把這些問題透露給自己的母親。只要他知道身為母親的我，能理解是有這些情形的，這就夠了。」她的做法便是我所說的「多爾多方法」吧！

總而言之，所有想要知道自己十六歲兒子問題的母親們，都應該看一看上面信中寫的這些話。這位母親表現出充滿智慧又非常尊重的態度；她完全接受兒子的羞澀，沒有一再追根究底。而對一個十六歲的孩子來說，這正是非常重要的。

您還收到了一封信，裡面提到的是一代又一代重複著有關語言的問題。當事人是一位年輕女士，父母親來自瑞士德語區，從六個月大開始就住在法國了。她在信裡寫道：「在我整個青少年的階段，無論在瑞士還是在法國，我都覺得自己像個異鄉人。我們總是去瑞士度假，然而我從未喜歡過。我的整個童年，是以說法語為主。我和哥哥們很少說瑞士德語；我們掌握的法語詞彙卻越來越豐富，我就像失了根一樣。在我十八歲大學會考後，全家搬回了瑞士；在大學求學階段，我使用的語言是德語。結果，我的法語程度就停留在大學會考階段，而我的德語程度則未能彌補上錯失的那些年。我常常覺得自己從未眞正掌握過任何一種語言。而且，在『腳踏兩種文化』的

情況下長大，讓我就像擁有兩種人格似的。」

聽起來也許會讓人覺得奇怪，但是語言以及語言所包括的一切對我們待人處事以及思維的方式都有極大的影響。我們說法語跟說瑞士德語的時候，會感覺自己像是不同的兩個人。

她接下來寫到的內容又是令人驚訝：「我對英語倒是從未有過這樣的感覺，因為我從來沒有在英語文化的國家生活過。」然而，她現在必須說英語，因為丈夫在非洲工作。從那時候起，語言的問題在下一代身上開始出現了：「我們的孩子分別是四歲半和三歲，他們過得都很好。小兒子到三歲才會說話，在幾個月的時間裡，他同時學會了英語和瑞士德語，而且完全知道在什麼時候以及如何使用這兩種語言。」

這位女士沒有擔心孩子為什麼沒有早一點開始說話這件事情，正是因為她自己曾經有過類似的經歷。她知道兒子需要時間，就像電腦一樣將資料處理到位。

這就像後退助跑是為了跳得更遠一樣！

也可以這麼說！等到他開始說話的那一天，馬上就說得很好，並且能夠恰如其分地使用兩種語言。

她在信中寫道：「我很少跟孩子們說法語，偶爾會唱法文歌。我告訴四歲半的大女兒，當我還是個小女孩的時候，我住在法國，我說法語和瑞士德語。而她，則是說英語和瑞士德語。」

你們看，我們可以讓兩種語言所具有的兩種性格在自己身上共存，並且活得很好。這並不代表我們無法感受到這兩種語言裡的兩種性格，或者會不記得這件事情。

是的，這也就回答了家長們提出的問題——同時學習兩種語言的孩子思維模式的問題。

在結束這個主題之前，還有最後一封關於雙語問題的來信。來信的是一位二十歲的摩洛哥女聽眾，她的父親是摩洛哥人，母親是法國人，父母親住在摩洛哥，而她在法國就學——您接下來就會明白為什麼了。信中說：「對我來說，我的母語是法語；直到現在，我還是沒法說阿拉伯語。」為什麼呢？因為對她來說，阿拉伯語這種語言與某種複雜心態、以及某種焦慮聯結在一起。她在面對自己父親的語言時，全然有障礙。當她還在摩洛哥時，從未上過阿拉伯語學校；她上的是法語學校，因此她在學校是說法語的。不過在同學當中，她是唯一一個幾乎完全不會說阿拉伯語的孩子。她說：「就是因為這樣，我覺得自己跟其他人不同。不會說阿拉伯語這件事，好像我得了難以啟齒的疾病似地。當別人跟我說阿拉伯語的時候，我總有種被羞辱的感覺；因為我聽得懂別人對我說的話，可是當我想開口說話時，就卡住了。」而且這樣的情形還持續發生著！至今依然如此，她總是害怕自己說阿拉伯語時發音不標準，語調不對。她很難過這件事情讓自己與父母之間有隔閡。她請您是否可以試著解釋一下自己的障礙？怎樣才能解決這個問題呢？

唉！最重要的不在解釋……主要是怎樣才能從這個問題跳脫出來！因為這件事情似乎把她的生活搞得很麻煩，尤其是讓她很焦慮。

是的。她寫道：「我無法跟親朋好友以及我父母說話。」然而，特別是在面對自己父親的時候，問題更嚴重：「在父親面前，我無法發出任何一個阿拉伯字，幾乎是一種生理性的排斥。我極度害怕讓他失望。」

我很難回覆這個年輕的女孩，因為我們缺少關於她父親家庭方面的資料，她只提到自己的父親。我覺得她之所以在童年時期不敢用父親國家的語言來跟父親說話，是因為她想先成為自己母親的女兒——說法語。此外，既然父親把她送進法語學校，說明了他也同樣希望女兒在法語環境下長大。

她說在當年，把孩子送到說法語的學校是很時尚的，甚至完全是附庸風雅的做法。

好吧。可是，是去跟那些原來說阿拉伯語的孩子們在一起。

當然。

然而「她」，她是不會說阿拉伯語的。或許是因為她不喜歡阿拉伯家族血親裡的某位祖母、姑媽或者姻親關係裡某些阿拉伯的姑姑們。

我認為這裡有一個自我身分認同的問題。身為女兒，她無法確定自己一旦跟父親開始講阿拉伯語，是否還能夠維持純潔的父女關係。這個女孩認為，如果進一步培養自身阿拉伯語言文化的一面，就會擁有一些母親所欠缺的東西。這樣的話，自己就會變得像是父親的阿拉伯「小妾」；然而，父親已經有一位法定的法籍妻子了。也就是在第一次性徵發育期——我們稱之為前伊底帕斯階段——必須與父親保持純潔的父女關係，並且必須與父親有語言的交流。

我在想，她可以認識一些在巴黎求學的摩洛哥籍女大學生，並且向其中一位自己信任的女性朋友尋求協助。她需要邁出的第一步就是與一位摩洛哥女性建立一段姐妹般的友誼——她是法國－摩洛哥混血女孩，另一位則是純摩洛哥女孩。她目前的年紀，在面對自己的父親與母親雙方時，應該可以覺得如同是父母親的人類姊妹一般。可是在現實中，她無法用父親姊妹的語言來與父親說話。

經由與自己的摩洛哥女性朋友交談，她也可以做好與班上男性同學說阿拉伯語的準備；之後慢慢地，她自然可以對這個說不出口的「父親的語言」有「免疫力」了。據來信看，這位女孩似乎是獨生女，沒有兄弟。她需要做到的是與父親有像「親如手足」的交流：她完全聽得懂父親的語言，只是無法回答；因為在她家裡沒有一個像「輔助型自我」（moi auxiliaire）的兄弟姊妹做為榜樣，來說阿拉伯語——也就是自己父親的語言，而不是自己母親的語言。這就是她應該要克服的問題。我想在這個案例裡面，存在一個獨生子女性格上的問題。這個女孩缺少的是一個大家庭——有祖母、姑姑、伯叔的父系家庭——在這個大家庭裡，大家用阿拉伯語交流。這個女孩還缺少兄弟姊妹、堂表兄弟姊妹等用阿拉伯語跟她、她的叔伯還有父親說話的同輩，這樣就可以給這個女孩子一些語言訓練的榜樣。

多爾多女士，總體來說，根據我們收到大批關於雙語問題的來信，絕大部分都沒有什麼嚴重的問題。

這正是我覺得重要的地方。

另外還有家長給您來信寫道：「我認為一個在雙語環境裡的孩子，當他表現出對其中一種語言有困難的時候，大人不應該在孩子面前顯出有什麼問題的樣子。」這樣就能解決掉很多的問題。

完全正確！既不要在孩子面前也不要在孩子背後表現出有問題的樣子，應該對孩子有信心。大部分的案例都表明孩子在雙語環境下有時候會出現一些語言學習的小障礙，然後又能重新出發了。應該尊重孩子所遇到的困難，但不要讓它演變成所有人都在關注的心理問題，這才是最重要的。

1 譯註：孩子通常在八到九歲之間進入「前青春期」，這個階段會延續至十四歲，會伴隨著強烈的情緒和行為旨在證明自我的存在。包括勞倫斯·斯坦伯格（Laurence Steinberg）在內的心理學家強調，「前青春期」對於發展自我意識的獨立性至關重要。其表現包括叛逆、關注隱私以及敏感度增強。若處理不當，會引發家庭矛盾與自卑情結。為協助孩子們度過這段時期並發展均衡的人格，父母應耐心溝通並尊重孩子們的獨立（包括他們的隱私）。

5 白雪公主是個從早到晚不停工作的人——如何活用童話故事

眼前這封信來自一位母親，她沒有什麼眞正的問題，只不過難以理解自己五歲半的女兒的行為。

我認為這應該算是問題了！

小女孩有一個十四歲的姊姊，這位母親沒在上班。她在信裡說，丈夫會照顧孩子，「而又不會過於」照顧孩子。孩子從兩歲半開始去幼兒園。她還說明：「小女兒在幼兒園裡覺得很無聊。」

如果孩子覺得無聊的話，為什麼非要把孩子送去幼兒園呢？

似乎是小女孩自己想去幼兒園的。可是，當她發現不能和姊姊在一起的時候，感到非常地失望。她原來以為去幼兒園，就可以和姊姊在一起了。然而，實際的情形是：小女孩聽過許多有聲童話故事。小女孩可以說完全「正常」，行為舉止就像同齡的孩子一樣，只不過她完全著迷於白雪公主的故事。母親寫道：「兩年來，她癡迷到幾乎每天都要聽上兩遍白雪公主的故事。」媽媽必須一直給她唸白雪公主的故事書（包括所有的版本：狄士尼版、格林童話版等等）。「她當然也有和白雪公主一模一樣的裙子，由我精心縫製的。她還想要我們把她的頭髮染黑。她沒有高跟鞋，可是常常提到很想要一雙。每次故事講到帥氣的王子吻醒白雪公主時——就如同睡美人那一段——女兒眼裡就會浮現出如醉如痴的神情。」這位母親補充道自己的女兒很漂亮，可是在家裡大家也不會整天稱讚她美麗，母親還要求大家不要過度讚美小女兒。

您認為是不是因為故事裡的白雪公主很漂亮，所以小女孩才會如此著迷呢？小女孩對白雪公主的迷戀又意味著什麼呢？這位母親讀了布魯諾·貝特罕（Bruno Bettelheim）[1]在《童話的精神分析》（*Psychanalyse des contes de fées*）[2][3]裡寫到關於白雪公主的分析，但是她覺得並不符合自己女兒的情況。

不論故事裡主角是如何吸引孩子的注意力——例如白雪公主這個女主角——家長都能藉由這些主角來幫助孩子成長。可是，這個案例卻相反地讓小女孩把自己封閉在某種想像當中，如同一種癡迷。結果，小女孩完全無法成長，而是停留在自問自答的孩童時期，全然孤獨地活著。不過，這位母親沒有說到的一件事情是：她有沒有給小女兒製作出七個小矮人呢？因為，這位母親似乎有許多空閒的時間。

總之，她縫製了裙子。

正是因為如此，我才這麼說的啊。其實，幫小孩把鞋子加上高跟並不怎麼難（可以貼上一些圓墊，看起來就會像小高跟鞋了），還可以幫她找一頂不用的假髮，有何不可呢？孩子們都喜歡假扮。現在我來解釋一下，為什麼會提到小矮人：這個小女孩把自己當作白雪公主，可是白雪公主是個從早到晚不停工作的人啊！難道不是嗎？她給小矮人整理床鋪、用各色拼布縫製被套、總是拿著掃帚、還會唱歌等等。正因為有一個壞後母，所以她逃跑了；可是，她逃跑後卻成了七個小矮人的「母親」。大家都知道白雪公主是如何全心全力地照顧小矮人的！也都知道白雪公主扮演充滿母愛的「旅店老板」是多麼成功！然而，小女孩是否知道如何扮演好這個角色呢？她想扮成白雪公主就扮吧；可是也應該要攬下削蔬果皮、做飯的工作。還要把自己的母親、姊姊或者其他家人當作像小矮人一樣來照顧。至少……

這樣的話，我認為她會想換個童話。她會選擇扮演睡美人！

應該利用童話故事讓孩子在現實裡發展生活的能力。這個案例裡的小女孩逃避到了想像的世界，而母親只讓自己參與在這個遊戲當中。可是，除了陪伴女兒沉浸在想像的世界裡，母親還可以有另外的做法。因為白雪公主確實是個家庭主婦，極其地反女權主義，不是嗎？為什麼不鼓勵孩子在現實生活中去認同故事裡的主角，而不僅僅是在想像世界裡扮演童話主角而已呢？這麼做會很好，因為可以幫助孩子成長。母親應該藉由圖畫讓小女兒看看所有白雪公主在家裡做的事情，還要告訴她七個小矮人也在工作，當他們下班回到家裡，一切家務都已經做好了，飯菜也準備好了！就是這樣，要讓孩子去仿效白雪公主做的事情，而不是像案例裡的小女孩那樣，僅僅穿上白雪公主的裙子、模仿白雪公主的美麗與孤獨。我擔心這個孩子的是，她覺得無聊，完全逃避到自己的想像世界裡，只會自言自語，沒有做家務的能力，在學校以及在家裡都很被動消極，迷失在自己的夢裡，只等待著假想的白馬王子來讓自己傾倒痴狂！

不過一般來說，當我們給孩子講故事、傳說或者仙女童話的時候，是否應該強調這些只是虛構的呢？

沒有什麼「應該不應該」！

究竟要怎樣才能恰如其分呢？

我認為，當一個孩子喜歡某個故事裡的主角時，不要僅僅在想像中去模仿，也要表現在實際行動上。就拿羅賓漢當例子，有的孩子喜歡裝扮成羅賓漢，有何不可呢？大人就可以教孩子如何像羅賓漢一樣用箭瞄準目標！這並不難。大人可以用一塊夾板來製作箭靶，再用一支不危險的箭（在家裡，可以用紙黏土包在鉛筆的尖端製造手工箭）瞄準靶心，射擊的距離可以越來越遠，還可以對孩子說：「如果你是羅賓漢的話，你一定知道怎麼瞄準靶心，不然幹嘛當羅賓漢呢？」不是嗎？再加上羅賓漢的機靈敏捷、矯健身手，還有把年輕女孩從壞人手裡救出來的種種優點，都是可以學習的。總之，不是一個只在腦袋裡憑空想像出來的故事。孩子做的所有事情都是為了成長，也就是為了走出自己無能為力的狀況，以自己崇拜的英雄為榜樣，讓自己在現實當中變得更強大。然而在這些故事裡，即使主人翁是虛構的，他們仍然是榜樣。因為經過鍛鍊，他們有了強健的身體，讓自己變得更靈活、更有效率。所以，這就是孩子們要進步的目標：讓自己培養出故事裡所崇拜的英雄身上的優點，進而在現實社會及生活中實踐自我。

1 譯註：布魯諾·貝特罕（Bruno Bettelheim, 1903-1990）奧地利裔美籍兒童心理學家。採用佛洛伊德精神分析來分析童話以及進行兒童精神分析。

2 一九四〇年由巴黎拉豐（Laffont）出版社發行。

3 譯註：《童話的精神分析》（*Psychanalyse des contes de fées*），貝特罕經由《白雪公主》及《美女與野獸》等一系列膾炙人口的童話故事，闡述其中的精神分析內容，尤其關注一些重要主題，例如伊底帕斯情結以及手足競爭等。展示這些故事是如何透過告知兒童即將面臨的考驗以及在成熟之前需要付出的努力，來回應兒童的焦慮。貝特罕認為：「每個童話故事都是一面魔鏡，反映我們內心世界的某些面向，以及從不成熟走向成熟所需的過程。」童話描繪自我的整合，使本我的欲望得到充分滿足。

6

不只獨自與父母相處，更是與許多其他人相處——關於閱讀與電視

似乎有許多父母在自己的孩子不能完全符合他們所期望或夢想的樣子時，會對孩子很失望。

是啊！真是可惜！

有一位十三歲孩子的母親給您寫道：「兒子不喜歡閱讀，這讓我們很意外，因為他父親和我總是手不釋卷。我們經常看書，卻從來沒法讓孩子對閱讀產生興趣。他會看連環漫畫（總比什麼都不看來得好），不過有很長一段時間他都只看插畫，只有當他看不懂插畫的時候才會去讀文字內容。」六歲的時候，這個孩子喜歡聆聽故事錄音，他特別喜歡聽傑哈．菲利普（Gérard

Philipe）[1]唸的《小王子》。到他開始學習認字的時候，母親曾經試著讓他在聽錄音的同時閱讀《小王子》這本書，可是幾分鐘之後，孩子就對書完全不感興趣了，他闔上書本，再也不想碰了。「結果，他像鸚鵡學舌般學會了閱讀，對詞語的意思一知半解。直到有一天我在一本兒童雜誌上找到了一個遊戲，讓他玩得很開心。在那個當下，他倒是努力去讀了。」她還舉了一些其他的例子，然後總結道：「我想他對閱讀的興趣，可能會像其他的事情那樣突然而至：他的第一顆牙齒是在十四個月大的時候長出來的；另外是有一天，他扔掉了奶瓶，從此只願意用湯匙吃飯等等。他喜歡運動、手工藝、音樂，可是不想學習。中學有音樂課，他看得懂樂譜還會彈管風琴。我們會聽兒子說話，因為我們是會對話的。但可惜他對閱讀不感興趣，因為我們是希望他能欣賞書中的一切以及我們的所愛。而且，這也有助於他的學業。」

這個例子正如您所說，他們就是那些沒有擁有符合自己夢想裡的孩子的父母。在現實中，這些父母親有一個不同於自己的孩子。孩子之所以跟他們不同，或許是因為每當孩子看到父母沉浸在書本裡的時候，就覺得自己沒有了父母的關注。唯一能夠讓孩子喜歡上閱讀的方式，就是長時間持續給孩子唸故事；除此，沒有其他的辦法了。

可是，在他很小的時候……

是的，我知道。然而，當時用的是視聽媒體，如錄音、電視、廣播等等。有人跟孩子講故事的時候，孩子是喜歡的。不過，孩子們更喜歡的是父親或母親跟他們唸故事。既然來信的這對父母喜歡閱讀，而且兒子已經十三歲——這個年齡的孩子在閱讀方面絕對可以跟成人一樣，父母親可以大聲朗誦所有閱讀的內容。如果孩子覺得無聊的話，他就會走開；否則，他就會聆聽，並且跟父母學習。這個孩子很活躍。我必須說明，很早就開始閱讀的男孩子，常常代表的是逃避現實。家長看到自己的孩子讀很多書就很高興，然而這是不好的現象。不過目前有很多活動（像這個男孩做的手工藝、運動等等），還可以看電視和收聽廣播。我們已經身處在另一個時代了。甚至在這位聽眾和丈夫年輕時，肯定也已經有許多同齡的青年人，沉浸在以閱讀為藉口的想像世界中，用以逃避現實、人際交往、運動或手工藝。他們的兒子是個需要有真實生活的男孩，對此我恭喜他。喜愛閱讀的適宜年齡是在十六歲左右，當有空閒且因沒有足夠的人際接觸而感到無聊的時候。不過能夠在閱讀中真正獲益的年齡會更遲一些，要到十八、十九歲，因為他們已經具備了一些現實生活以及人世的體驗，且書裡會暗喻出這些經驗。否則，書中敘述的虛構體驗，就僅僅是字面上的經驗；我們無法將其與自己的生活做對照，也無法用來豐富我們已知的經驗並增長未曾經歷過或渴望知道的事情。

您說了一句：「孩子已經十三歲了，因此家長可以朗誦所有自己手上的書給孩子聽」，我猜您

這麼說會讓不少人氣得跳腳，例如大家總是會談到一些並非老少咸宜的書……

當然了！不過我不認為這對父母所說的是這一類的書籍。

我想說的是，大家會認為某些話題和題材對孩子來說並不適宜……

其實並非如此。書要是寫得好，無論任何主題——我說的當然不是淫穢或色情的書，而是小說、隨筆、紀實類的書籍——當父母親讓十歲或十一歲左右的孩子參與家長自己的閱讀時，孩子是會感興趣的。父母可以說：「你看，這一章裡，這半頁很精采。我覺得寫得很棒，我來唸給你聽聽。」然後孩子可以跟父母一起討論。藉由這樣的方式讓孩子來品味欣賞作者，因為只有在與書籍作者連結之後，這本書才會變得有意義。沒有這一步，孩子不會理解一本書的——書籍就僅是紙張、物件罷了。當父母讓書變得生動傳神時，書籍才有生命力。有實例為證：當《小王子》的故事被活靈活現地朗讀出來時，即便不是孩子熟悉的聲音，還是會讓孩子喜歡上《小王子》的。可以確定的是，我們之所以唸故事，就是為了把故事留在耳裡和腦海裡。如果有人唸故事給大家聽，你們也是會很高興的。如果這對父母想要啓發兒子，就要照這樣做。既然孩子覺得閱讀很無趣，就不要強迫孩子獨自去閱讀。

關於啟蒙，這裡有個主題還不會被討論過，而這個主題關係到許多父母，就是：孩童是否應該或者可以看電視呢？電視會給兒童帶來什麼？又會剝奪孩子什麼？電視對孩童到底是有益還是有害呢？

這的確是許多家庭會面臨到的問題，因為家庭就是年齡不同的人生活在一起，每個成員的動機、興趣都不一樣，這就是複雜的地方。

一位母親開門見山就向您說明自己反對電視：「我反對，因為電視就像磁鐵一樣地吸引人，人們因此成了電視的囚犯。電視會扼殺家人之間的交流，對孩子來說是個陷阱，也會傷害眼睛。還有就是，電視也會扼殺家庭生活。我們家有電視，但是我不允許孩子看電視。」她把電視比喻成會讓家庭擺脫不掉的毒品。

她有沒有提到自己孩子的年齡？

一個七歲，一個兩歲半，但是她沒有註明是男孩還是女孩。她只提到：「他們在學校表現很優異……」

得了吧！不過是七歲、兩歲半的孩子！就學校表現優異了！

她的描述或許太籠統了。我繼續唸下去：「他們非常優秀，我甚至認為是歸因於不看電視。我們跟孩子做其他的事情，例如我們會安排遊戲、閱讀、音樂等等活動，也會散步、討論事情。」然而她補充說到丈夫完全不同意自己的觀點，還指責她不與時俱進。她想請教您，到底誰對、誰錯，如果是她錯了，還請您務必要告訴她。

根本無法說出誰對誰錯。必須說的是這封信有點令人驚訝，因為這位母親以同樣的方式來說自己七歲的孩子與兩歲半的孩子。一個兩歲半的孩子怎麼可能與大人討論問題呢？我覺得她好像講長子講得比較多，與母親有專寵的關係。因為長子的緣故，剝奪了丈夫看電視的權利，丈夫也許多少受到牽累。

現在要補充一下，對年幼的孩子來說，電視有一個好處：在兩歲半這個年紀，電視上播放的故事節目能占據孩子許多的想像空間。這對他們來說已經屬於社交了，當孩子們在公園或幼兒園見面的時候，電視節目可以讓他們除了聊家庭以外，還能夠說說其他的事情。我原則上並不反對看電視，我反對的是上癮，也就是說我反對電視的是，沒有太多可以選擇的節目，[2]以及內容千篇一律。如果一直禁止孩子看電視，我認為是用「落伍」的方式來撫養當代的孩子。

更何況，星期三[3]的節目很精彩——有空的時候，我是會看的。這些節目可以教孩子許多事情：不需要經由父母的講解，而是藉由懂得教育的人來教孩子，像是講解動物的紀錄片，或是生動有趣的地理知識……還有動畫影片。也許來信的這位女士不喜歡動畫片，然而有些做得真的很好看！可惜的是，當然也有些愚蠢的動畫節目……

無論如何，禁止孩子看電視會發生什麼事呢？這些孩子會去同學家看電視，而且會覺得自己的母親落伍，這樣就可惜了。我認為這位女士應該看看電視節目表來做選擇：「今晚的節目很有趣。如果你們想看的話，我們可以一起看。」孩子並不需要因為母親說某個電視節目好看就得去看。對那個兩歲半的孩子也一樣，母親自己可以找一天看看幼兒節目，稍微了解一下專為幼兒所製作的電視節目。

結論是，丈夫並沒有完全錯？

尤其是為了避免只有孩子們受限於禁令，結果連丈夫也不能看電視了。不過，我認為如果父母總是將焦點放在孩子的教育與智力啓蒙——永遠只專注在這上面——是不好的。父母為自己做了什麼呢？

這封來信裡有第二個問題。您剛剛提到，不是只有孩子的教育問題是唯一的考量；一切皆有時。然而，讓這位女士特別關心的問題似乎就是孩子啟蒙的問題。她請教您：「當我們發現某些孩子很聰明、領悟得很快時，是不是應該督促他們去學習，讓他們了解學習的重要，明瞭勤學的寶貴？應該怎麼做才好呢？我說的有道理嗎？或者最好是讓孩子快樂地度過童年？」

我覺得她已經知道答案了！當她寫到：「快樂地度過童年」時，我的回覆是：當然啦！否則孩子就會像是母親的一部分。父母親必須知道，到了青春期的時候，孩子私下從自己父親與母親身上習得的、被父母灌輸的，以及與父母一起經歷、交流的所有事情，或者是僅僅為了取悅父母所做的事情，都得像枯葉一樣落下來。孩子對童年的記憶，不只是獨自與父母的相處，更是同時與許多其他人相處的整合。這點非常重要。

現在來談談「鞭策」孩子，指的是什麼？我可以肯定的是，讓孩子跳級是非常不好的。如果孩子在五歲半或六歲時已經會讀會寫，或許最好是不要讓他去幼兒園中班，而是直接上幼兒園大班或小學一年級。不過，從他入小學開始，就不要跳級了。我已經見過許多孩子為了取悅父母而跳級——不料卻讓自己和其他孩子「脫節」。因此，如果孩子能夠跟自己的父母學會閱讀、寫字、算數，這非常好——甚至比孩子是在學校學會這些還來得好。不過前提是，從這個時候開始，孩子要有與其他小朋友見面玩耍的機會，例如一起玩遊戲或參加各類工作坊活動。

聽您這麼說，我覺得您似乎不喜歡那些想要鞭策自己孩子的家長……

我覺得這樣做是危險的。

……那些試圖在自己家裡發現一個小天才的人。

所有的孩子都是聰明的。學校裡表現出來的學習能力相較於整體智力幾乎不算什麼。智力就是具備賦予生命（生活）裡所有事物有意義的能力，並不僅限於學校裡的表現，同樣也可以透過肌肉、身體以及雙手靈活度的訓練表現出來。智力也包括記憶力：可以讓孩子透過背頌詩歌、童話來鍛鍊記憶力；也可以藉由電視節目，讓孩子記住裡面的內容等等。藉由這些彼此交流所有見聞的方式可以開發一個孩子的智力，而不是不顧一切地讓孩子提早就學。我希望父母們能夠明白，應該要透過身體能夠表達的所有方式，來培養孩子對生命的智慧與敏銳。

當父母親試圖過分鞭策自己的孩子時，常常會發現導致孩子產生排斥的反應……

是這樣的。

……比如排斥學校的反應，是因為在家裡過度誇張學校的好處。

還有，那些早慧的孩子，比如說那些提前通過國中或高中階段會考文憑的孩子，他們進入青春期時腦子裡「充斥」著學習。到了大學生的階段，他們必須體驗身體的成長——可是在這方面認知卻還不足——還要發展本身對異性的敏感度（對男孩或對女孩，依性別有所不同），以及藝術敏銳度，結果對學習的興趣就會下滑：不再對課業感興趣。對那些大有前途的孩子來說真是可惜，不是嗎？我這麼說吧，我們法國人不應該老是強調學校教育，以為這對孩子的智力是最重要的，比如有人會說：「我孩子上國二了。他這個年紀就能讀國一，真是太厲害了！」或許真是這樣吧，有些孩子對許多事情啟蒙得很早，但是不能因此成為鞭策孩子拚搏學業的原因。當父母欣賞自己孩子**唯一**的價值就只是學業成績好的時候，有許多優秀素質往往就不能被培養出來，像是：正直的性格、對自然以及動、植物的喜愛與觀察、生活的喜樂、巧妙的創造力、雙手與身體的靈活度、愛人愛物的開放心態、對他人以及團體生活的心理經驗、接受各人差異的寬容度、交朋友以及維持友誼的能力，還有知曉自己家庭、所在的城市、地區以及國家的歷史，啟發對藝術、文化、運動的興趣，感受得到自己的責任，對一切都有好奇心，保有滿足好奇心的自由……

一個孩子對某件事情自發主動，無論是什麼事情，才是朝氣蓬勃的孩子。如果父母能夠營造一個放鬆的氛圍，給予孩子關愛與信心，支持孩子去克服自己在學習或情感上的失敗與失望，這個孩子一定前途光明。

我再補充一下，在為孩子學習成績「超前」感到高興之前，還應該考慮到其他的事情：除了考量孩子接收知識的能力，也要考慮孩子在成長過程中可以找到什麼樣的朋友來接納自己為同儕。這是兩個應該靈活整合的必要條件。跳級對孩子來說可能會有的潛在危機是讓孩子在身體發育以及性成熟方面與其他的孩子產生隔離。就性格發展上來說，跳級甚至比成為班上年紀最長的孩子來得更麻煩。因此明智的做法是，避免讓一個傑出的孩子在滿十五歲之前成為「跳級生」。

1 譯註：傑哈・菲利普（Gérard Philipe, 1922-1959），法國著名電影、舞台劇演員。
2 譯註：當時法國只有三家電視台，都是國營。
3 譯註：當時法國幼兒園、小學、國中星期三全天不用上學。

7 解釋噪音，父母喜歡音樂也讓孩子喜歡音樂——聲音：噪音與樂音

我們生活在一個被各種聲音與噪音包圍的社會裡，有時候甚至也因此受到侵擾……關於這個話題，許多年輕的父母向您提問，如何能讓嬰兒習慣噪聲，怎樣引導嬰兒識別幾乎每天、每分鐘都在發現且常因無法辨別而受到驚嚇到的新聲音？

必須說家裡會嚇到孩子的聲音，像是吸塵器以及電器的隆隆聲，還有馬桶沖水時發出的聲音。唯一能預防或療癒孩子對這些聲音產生焦慮的方式，就是把孩子抱在懷裡，跟他解釋：「你知道嗎？你不喜歡的那個噪聲是吸塵器的聲音、是馬桶沖水的聲音等等。」同時告訴孩子物件的名稱：「來，我指給你看。」

即使孩子只有幾週大？

當然，即使孩子出生只有八天或十五天都一樣！母親應該把孩子抱在懷裡，讓孩子聽聽所有在家裡常會聽見的噪音。這樣一來，噪音就會成為讓孩子有安全感的「媽媽化」（mamaïsation）[1]的一部分。

「媽媽化」是什麼？

我很喜歡這個新創的語詞。在孩子的生命裡，在家庭生活中，當所有的事物都被「媽媽化」之後，孩子就會對一切有安全感了，因為一切都屬於和媽媽有親密關係的一部分。我要說的是，如果孩子害怕吸塵器的聲音，那是因為孩子通常聽見這個聲音的同時，媽媽是披頭散髮、煩躁不安、匆匆忙忙地——她實在不想做這件事情，可是又不得不做——所以孩子總是會感覺到緊張的氣氛。尤其是在孩子還小的時候，如果一開始沒有讓他看到吸塵器是屬於媽媽日常生活的一部分的話，這項活動所產生的氛圍就會讓孩子害怕。

還有就是每個月第一個星期四的空襲警報演習。[2]尤其是住在警報站附近的家庭，這一天中午十二點差十分的時候，母親們就要把孩子抱在懷裡，以確保一到中午，發出頭幾聲警報時不會嚇到孩子。如果當時他們正在街上，一聽到警報聲母親就要立即把孩子抱到懷裡。警報是種違背生理學的東西。某些嬰兒聽到警報聲時會蜷縮起來，嚇得臉都發青。不過，要是母親安撫嬰兒，直視孩子的眼睛說：「這沒什麼；這叫警報，不用害怕，媽媽在這裡！媽媽在這裡！」如果當母親的能這麼做，就能安撫孩子。之後，孩子還會聽到其他各式各樣的警報器聲響，例如汽車警報器、屋頂警報器等等。母親只要在頭幾次注意安撫孩子，孩子對警報器發出的噪音就不會再害怕了。

至於抽水馬桶發出噪音的問題：孩子會擔心大便的去向，因為大便仍然是屬於他的一部分。孩子怕要是哪天自己碰巧掉進馬桶裡面，也會落得跟大便一樣的下場，所以，馬桶的沖水噪音就像一個會把孩子沖走的聲音。同樣地，有些孩子在聽到浴缸裡的水被放掉時發出的虹吸噪音，也會感到很害怕，就像他們擔心自己會被捲進洗澡水裡從浴缸排水口排出去。當孩子還沒完全準備好去看是怎麼回事的時候，這一切都需要父母用話語告訴孩子，然後讓孩子去觀察。從此之後，孩子們就會適應得很好了。

千萬不要去嘲笑一個害怕噪音的孩子，絕對不要對孩子說：「啊！你真笨！這只不過是吸塵器啊。」應該使用語詞跟一個想要認識新事物的孩子解釋噪音，並且安撫孩子。

也不要因此就顧慮使用這些家電，是嗎？

正是！應該跟孩子展示操作方法，讓孩子自己試著按按鈕，讓他們明白如何使用家電。

現在我們來看看另外的問題。我們不想探究一些與您專業無關的問題，不過這些問題還是與兒童有關。因此，我們選了一些關於兒童音樂啟蒙的來信，主要是關於鋼琴課程，因為常常有人在來信中會提到關於鋼琴課的問題。在眾多來信當中，有一封信很有代表性。來信的聽眾有三個女兒，分別是十一歲、九歲和四歲。問題是，孩子們的外祖母是一位鋼琴老師，現給九歲的外孫女上鋼琴課。以前，她曾經給大外孫女上過課，孩子母親寫道：「可是一、兩年後外祖母放棄了。因為每次孩子要去上鋼琴課時，都會又哭、又叫、又鬧，情緒非常糟糕。去年二女兒也是一樣，總是喊著『我不想去』、『我不喜歡鋼琴』、『我比較想做別的事情』等等。」最後，父母親自問是否還應該堅持並且強迫孩子學音樂、上鋼琴課、忍受這一切——萬一結果是，女兒們將來絲毫不感激父母親曾經強逼她們突破難關。做父親的被問起應該怎麼做的時候，他回答道：「從上鋼琴課開始，以後上學也會這樣。她們以後也會不想去學校的。」

可是上學和上鋼琴課完全是兩回事，因為上學是履行應盡的義務！假如一個孩子不喜歡鋼琴課，那是因為老師沒能讓孩子對這門課程產生興趣；也許是老師教課時的氣氛不夠好，也許是老師不喜歡自己的職業。如果是帶著氣工作，就證明我們做這一行並不開心。從此，可能會讓孩子對教授的內容厭惡一輩子。我沒少見自帶音樂天賦的學生，卻因老師課教得太糟了，使他們一生都對音樂反感！還有，老師應該懂得因材施教：如果一個孩子不喜歡彈鋼琴怎麼辦？既然家長已經付了一小時或半小時的學費，那這段時間，就由老師彈鋼琴給孩子聽。如果孩子不喜歡彈鋼琴的話，這樣會比要求孩子彈鋼琴好得多。音樂能夠給愛樂者帶來快樂。聆聽音樂可以讓一個人快樂，並不表示他親自彈奏樂器時也會感到快樂。

除此以外，我不知道這幾個女孩與她們外祖母的關係如何，也不知道來信的母親自己是否也彈得一手好鋼琴，還有她是否也喜歡音樂。如果她自己喜歡音樂，並且經常聆聽音樂，還會說起在音樂裡以及在彈奏音樂時感受到的快樂；像這樣，讓孩子從小耳濡目染，學習去喜歡音樂。因為父母親會彈奏音樂，也喜歡音樂，並且很早就會找些讓嬰兒喜歡聽的音樂。

我再次強調：首先必須是父母親自己喜歡音樂！一個孩子喜歡某件事情是因為能與母親有情感上的融合。如果這幾個小女孩學鋼琴只是因為做母親的想討好自己的母親，那就完了。

因為在這種互動的關係裡，學鋼琴的動力來自於母親對外祖母的連結，而不是來自於母親跟自己孩子的連結。而且母親這麼做是為了女兒將來會感激自己——如果我們做一件事情是為了要讓孩子將來感謝我們，那真是把教育給本末倒置了。

我們說到了教師對自己職業的熱愛，父母對音樂的熱愛；另外，孩子自己的學習動機也很重要。應該讓孩子學習自己喜歡的一門藝術；等孩子長大以後也會去發掘自己的孩子喜歡什麼。也許這位來信的女士以前不是由自己母親親自撫養大的？或者也許她母親從來沒有探詢過女兒喜歡什麼？否則，她就不會堅持要自己的孩子去學一個她們不喜歡的樂器。

不過，我們可以帶孩子去聽其他孩子的鋼琴發表會，或是去聽音樂會。可以對孩子說：「我非常喜歡音樂！你想陪我去聽音樂會嗎？如果你覺得無聊，可以先離開，在外面等我。」然後大人可以提前知會帶位員：「我想聽音樂會，請您在外面幫忙照顧一下我的孩子。」慢慢地，孩子看到父母親喜歡音樂，自己也會開始喜歡，尤其是當音樂不是件苦差事的時候。

當然啦，孩子不會立刻就喜歡上隨便哪種音樂的。我剛才有提到嬰兒——依據經驗，嬰兒會喜歡上莫扎特以及巴哈音樂裡非常短的一些片段——比如一些變奏曲，用一、兩種樂器演奏的（大提琴、鋼琴合奏或鋼琴、小提琴合奏）。不要給幼兒聽管風琴曲，因為太複雜了，孩子無法辨認——孩子的雙耳非常善於無意識地感應音樂，前提是音樂裡不要有太多過於複雜的組合。例如孩子們就非常喜歡安娜·瑪格妲蓮娜·巴哈（Anna Magdalena Bach）[3]《樂譜輯》（*Petit Livre*）中的大鍵琴、鋼琴、長笛、小提琴、大提琴。再大一點，還有一些非常棒的教學法來培養孩子的音樂品味以及音感。例如瑪麗·嘉艾樂（Marie Jaël）[4]的教學法，有些通過國家證照考試的教師就是用這些教材培養出來的（當然還有其他的教學法，不過我只知道這個）。另外還可以學唱歌，參加兒童合唱團。如果孩子喜歡跳舞的話，也可以去學舞蹈啊！

要知道，孩子有時候學習某種樂器，之後放棄了，並不意味著孩子不喜歡音樂！應該對孩子說：「既然你不喜歡這項樂器，那麼我就把你上音樂課的預算存起來，等你想學一門藝術，無論是音樂或是其他課程的時候，再拿出來使用。」父母這樣做可以讓孩子知道，他們很關心孩子喜歡藝術。在生命中能夠找到對某項藝術的樂趣，確實是非常、非常喜樂的事情。長大以後，當我們開始上班，當我們疲憊地回到家時，能有個藝術愛好做為抒發的出口，實在是太棒了。既然這些父母有錢讓孩子上藝術課，他們可以先把這筆預算存起來，然後記在筆記本上，並且對孩子說明：「這是藝術課程的費用，你每個星期都可以拿到上課的錢，一個月的花費就會是多少等等。」

我能說的就這麼多了。當我看到一些孩子上鋼琴課如同趕赴刑場般，實在令我挺震驚的。太可怕了！我再說一遍，或者是老師的問題，或者因為孩子與老師的關係不好。否則就是因為孩子真的不喜歡音樂；如果是這樣的話，就應該要尊重孩子的意願。

還有一個關於上鋼琴課的問題。家長們總是提問：「有沒有學鋼琴最理想的年齡？什麼時候可以開始？」當然了，前提是孩子要有天賦。

鋼琴課還是音樂啓蒙課？

兩者都有，一方面是學鋼琴，另一方面是音樂啟蒙。

音樂啓蒙盡可能越早越好；孩子兩個月大，甚至在子宮裡的時候就可以開始了。吉普賽人就是這樣：孩子在子宮裡以及在出生後的幾週內，由最棒的吉普賽樂手到孕婦身旁演奏音樂，然後在孩子出生後的頭幾個月裡在搖籃旁演奏。通過觀察，曾經這樣聽過演奏某項樂器的孩子，長大後如果成為樂手的話，通常也會選擇這項樂器。試著了解這個在音樂方面很有天分的民族的傳統，還滿有意思的。

另外，在德國，音樂啓蒙是從幼兒園，甚至從托兒所就開始了，孩子們伴隨著鈴鼓的節奏唱歌。會有音樂學院的專業老師來看看有沒有喜歡音樂並且音準又好的孩子。從兩歲半開始，定時會有專車接這些孩子去音樂學院上音樂啓蒙幼兒班。然後從幼兒園起，喜歡音樂的孩子可以藉由自己喜歡的樂器來接受音樂啓蒙教育。以兩個月為期認識一種樂器，之後再換其他樂器。依照孩子的喜好以及當時的興趣；有些孩子到了五、六歲，會真正地熱衷於某種樂器，或者會安排孩子到合唱團或歌唱組、舞蹈組。用這種方式繼續接受全面音樂教育。對於某些孩子，學樂器的渴望有時候會到九歲、十歲的時候才出現；更常見的是在青春期，那時他們已經早期受過音樂教育的訓練了。如果音樂啓蒙能在青春期之前就開始進行，又能夠不讓孩子厭煩，並且讓具備音準與樂感的孩子以遊戲的方式進行的話，那就太棒了！音樂、節奏以及聲音就如同形狀和顏色一樣，都是生活裡不可或缺的部分，是全人類快樂的源泉。然而，如果我們強制執行的話，也會讓孩子對感樂趣的事產生厭惡。

1 譯註：「媽媽化」（動詞是 mamaïser 名詞是 mamaïsation），作者馮斯瓦茲·多爾多發明的「多爾多式術語」，與「爸爸化」（papaïser）同理。這些語詞都為多爾多心理學理論中很有名的用詞，通俗易懂也易於實踐。其道理為：無論孩子多大，也不論孩子的理解力程度，一切情況都要通過媽媽或爸爸的語言及聲音給孩子解釋之後，孩子才能對新環境、新事物產生安全感——在精神分析理論中，被稱為「安全感的臍帶」。

2 譯註：二次大戰之後，法國每個月第一個週四中午會有國家防空警報演習，後來改為每個月第一個週三中午。

3 譯註：安娜·瑪格妲蓮娜·巴哈（Anna Magdalena Bach, 1701-1760），歌唱家，也是著名音樂家巴哈的第二任妻子，負責記錄丈夫的音樂。巴哈曾經寫過幾首樂曲獻給她，許多樂譜都保存於安娜·瑪格妲蓮娜的筆記本中。

4 瑪麗·嘉艾樂協會（Association Marie Jaël），位於巴黎十六區，地址是：117, bd. Jules-Sandeau, Paris XVI。

8 說出真相未必都是好事——多嘴、蠻橫以及告狀的人

有位母親給您來信，講的是關於自己四歲的兒子。這孩子就像我們所說的，口無遮攔，在街上會把想說的話大聲地說出來，常常讓這位母親尷尬。比如，當他走近一位非洲人的時候，會對母親說：「妳有看到那個先生嗎，他好黑啊！」或是當他看見一位老先生過街時，會說：「妳看見那個先生了嗎？他好老喔，他快死了吧。」這些事情都讓母親感到非常尷尬。這位母親又問了另外一個問題：「我有兩位女性朋友，她們倆的家庭狀況都很艱難。其中一位朋友的丈夫是自殺身亡的，她兒子與我兒子同齡，這個孩子其實從來都沒有見過自己的父親；另一位朋友與丈夫離婚了，她的兩個孩子很少見到父親。我擔心哪天兒子會用他那慣常直白的方式，追問朋友的孩子關於他們父親的細節，而傷害到他們。應該先由我來跟兒子談一下這件事情，還是等孩子提起時再

說呢？」

首先，這位女士可以問一問這兩位朋友，她們的孩子是否知道自己的家庭情況。照他們的年紀看來，應該是已經知道了。其中一個孩子由自己出生前和嬰兒時期的父親照片，應該知道父親在自己很小的時候就去世了。至於另外兩個孩子，大人可以坦率告訴他們實情，畢竟他們不是唯一因為父母親離婚而很少見到父親的孩子。孩子在已知情的狀況下，如果別人不是故意要傷害他們，而只是說出事實的時候，他們是不會受到傷害的。

至於孩子在街上口無遮攔，並不表示他有種族歧視的傾向——孩子說那位先生黑是因為他就是黑人。當然，還是會發生尷尬的情況。甚至有些孩子是有心電感應也能未卜先知的。我認識一位小女孩，有天在火車上，一位女士剛跟她說自己要去會見丈夫，小女孩便大聲地說：「不，不是這樣！她丈夫不在那裡，她是要去見另外一位先生。而且，她也不會把這件事情告訴丈夫的。」那位女士立刻臉紅了……

這就是我們說的：「哪壺不開提哪壺！」

人們不是一直都認為從孩子嘴裡說出來的是真話嗎？孩子說出真話其實並無惡意，某些孩子是因為他們有心電感應的能力，而且未卜先知，有些孩子則是因為善於觀察而已。

要責備這些孩子嗎？

我覺得不用。以剛才的例子來看，當母親覺察到自己孩子說的話傷害或冒犯了他人，應該由母親來道歉。她可以對孩子說：「噓！噓！」，制止孩子說下去，過一會兒之後再問孩子：「剛才你當著那位先生的面說他快要死了，你是不是覺得死會讓你開心？」然後再告訴孩子，不要說出會讓他人難受的事情。這個孩子很聰明，一定也很敏感。我想假如母親現在跟孩子溝通，可以培養孩子的敏感度。她可以對孩子說：「所有的真話，你都可以小聲跟我說。」當他們走在街上的時候，孩子可以悄悄跟母親說：「這個太太真醜。」或：「這個先生很壞。」還有些孩子會說：「看那個太太，好藍喔！」或是：「噢！她是紅色的！」來表示他們覺得那個太太很漂亮。四歲的孩子有時候會用顏色來表達自己對某個人的感覺。他們可以信任母親說出真心話；母親了解孩子，因為她與孩子之間有默契。這樣的情況，母親可以對孩子解釋：「是啊！你拿紅色在開玩笑，你想說的是那位太太很和善（或是不和善）。」我沒法再多做建議了。畢竟這個孩子只有四歲……不要跟他講什麼大道理！

現在來看一位完全驚惶失措的母親，她來信問：「我應該嚴肅看待這件事情，還是應該大事化小小事化無呢？」她六歲的兒子不久前剛入學了。她寫道：「昨晚回到家，我看到丈夫一臉驚嚇的樣子。」原來，兒子放學的時候辱罵校長，因為她在課間休息的時候沒收了兒子的小汽車。當祖母去接孩子放學的時候，聽到孩子大發怒氣地罵校長「賤人！」，幸好校長沒聽到……

所以是祖母聽到了！

是的。結果，祖母把孩子罵校長的事情告訴了父親，父親又說給母親聽。大家都在思忖：「很難想像如果當時校長聽到了會怎麼樣啊！又會怎麼處置兒子呢？」這位母親繼續寫道：「每天晚上，我都會問兒子白天發生了什麼事情，在學校餐廳吃了什麼……」

我得立刻打斷您一下，因為這句「每天晚上……」真是太可怕了。我曾經說過，父母親總會問孩子在學校裡發生了什麼事情，可是孩子不是不記得了，就是記不清楚。要是祖母沒有把這件事小題大做的話，孩子可能早就忘光了。

他就是這麼回答母親的：他忘了。

當然啦！祖母當時很震驚，因為她想像，要是孩子對她說出這些話，她會是什麼感受。至於那位校長，想必也聽到了，不過她非常聰明地「過濾」掉了孩子的髒話，沒有在意它。對這樣飆髒話的孩子，大人就應該這麼做。你們應該能夠理解：校長對他出手真是夠狠的，沒收了他的小汽車！這孩子才上學三、四天而已，他本來還想在同學面前炫耀一下自己的小汽車！可是學校的規定不允許這麼做，僅此而已。這就是規定，規定都是嚴格的。這輩子有誰不曾至少一次罵過警察、裁判「混蛋！」的呢？真的沒什麼好大驚小怪的。可怕的是，這樣的事情被小題大做了。

這位母親繼續寫道：「知子莫若母，我最終還是讓他承認了。」當下，孩子哭得稀里嘩啦，把自己反鎖在房間裡。再從房間裡出來的時候，拿著自己畫的一幅畫送給母親。母親寫著：「我沒有上他的當。因為他很狡猾。我好不容易才拒絕了他的畫。」

為什麼要拒絕呢？

接下來是這樣的：「我跟他說了為什麼那晚他睡覺的時候我們不會陪他，也不會給他講故事。可是到了晚上十點鐘，他依然不睡覺。我只好讓步了。」總之，她覺得兒子在飆了髒話之後，送

她一幅畫，實在是太狡猾了。

某類父母的真實寫照是，無法接受孩子可以以行動反抗以及說出事實來表達自己的感受。說出真相未必都是好事，就這一點我們是可以有共識的，正是這點應該簡單地對孩子解釋：「聽好了，下次說話前小心！當你想說某人怎樣的時候，要尊重對方，以免事後招來不必要的麻煩。你可以對我們說。還有，現在你知道，不可以帶小汽車去學校。」這個愁眉苦臉的父親和驚慌失措的母親……真讓我覺得太好笑了——只是他們竟然對一個可愛的孩子真實的小舉動如此大驚小怪。

下一封信藉由一個特別的案例，提出了一個我們至今都還不曾提過或很少提到的問題，就是關於告狀的小孩。給您來信的母親有兩個兒子，一個五歲半，一個四歲。信裡說到的是大兒子，他在班上成績很好……

五歲半，在班上成績很好，這話怎麼講呢？

這位母親只是寫，老師對孩子很滿意，因為他學習很快。

也就是說他很聰明。

他從小膽子小，現在面對同學時還是很怯懦。他不敢反抗，於是乎就去向老師或者向母親打小報告，什麼事都會告狀。母親已經一再跟他說不要這麼做，然而他還是改不了。

母親試著釐清：在這個孩子二十個月大的時候，爺爺去世了，於是父母親只得接手經營爺爺的麵包店。出於這個原因，他們便把兩個孩子交給剛剛寡居的祖母照顧，祖母每天都帶孩子去墓地。「我想孩子可能因此受到深刻的影響。當時我沒敢跟婆婆說不要帶孩子去墓地，因為我感覺得出她非常悲傷，去墓地能夠讓她好很多。」這位母親還補充說，自己婚姻生活的前幾年不太順利，經常整天和丈夫賭氣，從沒考慮過孩子是否覺察到了這些。現在他們夫妻的關係好多了。

很明顯地，孩子從二十個月大起生活並不容易，突然間，為了經營生意，母親不得不把他留給祖母照顧等等，這些經歷都對他有很深的影響。這個孩子被留在沉浸於悲痛中的祖母身邊。從那時候開始，他便養成了「受虐」的習慣。我想說的是，白天跟祖母在一起時，他總得找些讓自己開心的事情，於是他只能以苦為樂。正因為如此，現在他會挨別人打，有點是受害者。從一開始，他就「成為受害者」了。你們明白我的意思嗎？

如何才能幫助他呢？

我曾經在書裡寫過，對一個總是挨同學打的孩子應該要說：「聽著，你注意得還不夠的地方就是，他們是**怎麼**打你的，會讓你**疼得這麼厲害**（要用「疼得這麼厲害」這些語句表達）。如果你能避開那幾拳，那就避開。一旦有其他的孩子再來打你，記住我跟你說的話。一段時間之後，等你有了經驗，知道怎麼打才會讓對方疼得很厲害的時候，你就會知道怎麼出拳，也會知道怎麼自我防衛了。你看著吧，你的同學們再也不會想要欺負你了，而且你還會發現打架還挺好玩的。」這樣做才能幫到這個孩子。對他說「還手啊！」是毫無用處的，他只會把自己放在受害者被動的位置。只有當他受到鼓勵，才會不帶絲毫恐懼地藉由注意攻擊自己的人的技巧來學會還擊。既然他很聰明，就可以學會這些，然後就能自我防衛了。既不要嘲笑他，也不要憐憫他或是去責怪其他的孩子，而是要鼓勵他知道如何在交鋒中通過「以牙還牙」的方式讓別人尊重自己。這個孩子太過被動了。

關於害怕，這位女士還舉了一個很有代表性的例子：「去年暑假，我帶兒子去遊泳池學游泳。我們碰到了一個也許不太懂心理學的教練。他對我說，就算孩子害怕也沒關係，因為孩子很聰明，只要強迫他克服恐懼的情緒就行了。然而，兒子卻因此失去了胃口；一直處於焦慮的狀態，還要求夜裡在自己的房間點一盞小燈，說他無法在黑暗裡睡覺。」最後一堂游泳課的結局簡直就是一場災難，教練帶著孩子逕自走向大池，孩子立刻嚇得痙攣起來，大聲喊：「我怕！」母親並沒有插手，可是當教練把孩子交給她的時候，孩子全身僵冷（儘管當時氣溫35度），雙眼緊閉，直到洗了熱水澡之後才真正緩過神來。孩子當然立刻就說再也不去游泳了，而且他也再沒進過游泳池。信的結尾，這位母親提出下面這個問題：「要怎麼做才能讓他脫離這樣的恐懼、焦慮？讓他不再打小報告？我是不是應該讓他去做運動？可是到目前為止，他運動方面的表現並不好。哪種運動對他會有好處呢？」

首先，別去運動！五歲半，對一個不想學游泳的孩子來說，學游泳實在是太早了；更何況從第一堂游泳課開始，他對別人要他做的這項運動就沒什麼熱情。父母不要因為可能已經付了一期課程的費用——通常游泳課程都是這樣——便覺得：「既然已經付了學費，兒子就得去學。」以這個例子來說，遺憾的就是讓孩子繼續上了游泳課。假設今天孩子已經八歲的話，情況想必完全不同，鼓勵孩子便能有助力。父母們要知道，對於一個五歲半的孩子來說，除非是他自己要求學游泳，我們才應該讓他去學。可以問一下游泳教練或其他老師：「您能接受先讓孩子試一次嗎？如果他喜歡的話，就繼續學。」這位女士好像把兒子當作已經八歲似地。

我再補充一句，要是這位女士與丈夫能陪孩子一起浸在水裡，會讓孩子開始熟悉泳池。孩子先跟自己的父母一起玩，直到某天他會像其他的孩子一樣狗爬式地划水，他會說：「我想學會游得又快又好。」到時候，一切自然都會進行得更順利。

現在，我們來談談告狀的孩子。

我們完全無法事先知道「告狀」對於孩子意味著什麼，因此要當心我們所說的話。當孩子來報告另一個孩子處境很危險，而我們又不知道的情況下，告狀是很有用的。如果我們對孩子說永遠都不能告狀，或者孩子告狀，就會被我們責罵或懲罰的話，那麼發生危險事件的時候，孩子就不敢來告知大人了。當一個孩子跑來告訴我們：「某人做了某件事」的時候，應該問他：「你為什麼跑來對我說這些？」如果孩子回答：「因為他做的事情不好！」我們就可以跟孩子解釋：「是的，那是禁止的（或者是『對，你說得對，這樣做不好。』）。既然你知道這樣做不對，就別這麼做。」如果孩子反駁：「你應該去罵他。」我們可以跟孩子說：「算他走運，這件事沒有被我看見（或者沒有被我聽見）。」或者說：「他這次走運，沒有發生什麼不幸。」（要不是因為危險，又何必禁止呢？）不過，如果孩子來告狀提醒大人其他的孩子在做危險的事情時，大人要表達感激之意：「謝謝你通知我！」在這種情況下，就不是打小報告

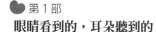

了。大人要去看看發生了什麼事情，制止冒失的行為。然而，永遠都不要去責罵那個被告發犯錯的孩子。千萬不要。

可以對這個孩子說：「你很清楚，這樣不好」，或者：「你做的事情很危險，所以我們才會禁止你去做。」如果孩子違反禁令，卻沒有受傷，可以對他說：「算你僥倖！這次沒受傷。我不會罵你。幸好剛才我沒看見，否則會嚇到我的。」你們明白差別在哪裡嗎？我們不要罵孩子，而是要確保孩子是否安全。否則，我們就要把孩子從自己製造的麻煩裡解救出來。然後對來告狀的孩子說：「你來告訴我們是對的，因為你擔心。而他以身犯險，是可能會有危險的。」

這樣處理才能夠幫助孩子。不要灌輸孩子「告狀絕對是不好」的觀念，因為每件事情情況都不一樣。假如孩子是惡意讓別人被罵而來打小報告的話，就應該制止這種行為。會發生這類的事情，難道不是因為父母親會去責罵那些被別人告發的孩子嗎？

也許應該來看一下比較具體的案例，也就是來告狀的孩子剛剛被自己告發的那個孩子欺負了。「我要去告訴媽媽」（或「告訴爸爸」，「告訴老師」），這是在家裡或課間休息的時候，我們

常會聽到的恐嚇。大人應該怎麼處理：孩子在打架之後，跑來抱怨受到同學或兄弟姊妹的欺負呢？

應該注意避免兩種失誤：一是沒有對告狀的一方（有時已經帶傷了）表示同情，二是大人用言語來回擊「更正」或懲罰肇事者。這兩種處理方式同樣都會給雙方孩子帶來危害。不應該這樣教育孩子。

應當先處理最緊要的事情，比如安撫並且給受傷的孩子包紮，對他說：「那個孩子對你出手有點重了。」或是說：「評估一下對手，對你來說他太壯（或太高）了，別再跟他玩了。不過這次你至少學到經驗了。」大部分的時候，幾句安撫的話和一些關懷的照料，事情就都解決了。千萬不要說肇事者的壞話。假如肇事者可以幫忙彌補傷害的話，可以鼓勵他去做。

有時候，告狀的孩子才剛到，對方就為了辯解自己的行為，也來告狀：「他（她）總來煩我，是他（她）惹我的。」針對這個孩子，也要安撫一下：「你運氣不好，他太弱了，跟一個體力不如自己的人玩真沒意思！」

另外是，家裡的孩子會為了自己的空間被侵犯而爭吵，像是「他跑到我的房間了」、「她拿了我的東西」……這些爭執應該讓家長們想一想如何配置空間才能讓每個孩子可以「被動防守」。關於這一點我已經講過了：在家裡，應該讓每個孩子都有一個放置個人物品的地方——一個箱子或是一個可以用掛鎖鎖上的矮櫃。應該由父母來讓「被動防守」發揮效力。如果孩子抱怨別人闖入了自己的空間，或是屬於自己的寶貝被搶走了，可以對孩子說，那是因為孩子沒有利用這些為他而設的措施。父母也可以一邊安撫兩個孩子，一邊為兩人出生在同一個家庭裡替他們抱屈。

通常來說，一個孩子要是變得愛告狀，難道沒有危險嗎？

如果一個孩子動不動就告狀，而且不停地告發別人，在這種情況下重要的是，不要任由他擺布而去懲罰或責備另一個孩子，否則說壞話或誹謗別人的孩子，無論是真的或是假冒的受害者，永遠都沒有辦法自主起來。他永遠只會向權威尋求庇護，讓另一個人受到懲罰，像個卑鄙的小人那樣報復別人。他會逐漸被其他的孩子討厭，並被他們視作是敵方的間諜。

現在，如果打小報告是出於擔心違反規章制度時，就要再次強調這條沒被遵守的規定，來幫助孩子瞭解如何按照自己的良知來處事，而不僅是盲從，重蹈別人犯過的錯誤。

告狀的孩子，在面對一個比自己更強、更聰明、更靈巧的孩子時，是個深受嫉妒煎熬的弱者。幫助這個孩子的方式就是，拒絕讓他指望能夠獲得好處，讓他改掉愛訴苦或好控訴的敏感性格，以免妨礙他結交朋友。無論是輸不起的玩家、總愛說別人壞話的同學或是學校裡的乖孩子，一旦父母任由自己的權威讓孩子掌控，他們很快就會變成同齡層裡孤獨而不幸的孩子。

我再重申一遍，我們教育者的任務就是讓孩子做好和同輩群體生活的準備。幫助他們知道在面對考驗時，能夠像母親一樣懂得照顧好自己；行為上能夠像父親一樣學會自我約束，謹慎行事，遵守法律。即使有人做了壞的示範，例如違反法律卻逍遙法外或者肆無忌憚。也可以對孩子說：「既然你已經能夠公正地判斷出他知法犯法或魯莽行事，就不要跟他犯同樣的錯誤。」

第 2 部

對家長與學習的幾個建議

9 應該由孩子自己負責——作業的安排

有許多父母向您求救：「啊！天哪！怎麼幫孩子安排他的課業啊？他總是心不在焉；他這樣，她那樣！」

首先來看一封典型的來信。寫信的是一位母親，她請教您如何才能讓自己八歲的兒子明白是時候該對自己負責了。她還有另外兩個孩子，一個六歲、一個一歲。她不知道怎樣能夠說服兒子留心。她特別講起兒子最近的壯舉：有天下雨，兒子一出校門就衝回家——他總是沒頭沒腦地猛衝——雨衣就拿在手裡，結果到家時完全淋成了落湯雞。還有一天，他沒關好書包，結果筆記本、橡皮擦撒了一路。「我丈夫說，應該是我太過於呵護兒子了，所以他不能理解應該要對自己負起責任。或許是吧。可是，就為了讓他主動整理自己的東西、自己洗手等等，我已經跟他戰鬥了兩年。儘管女兒比兒子小兩歲，卻比他有責任感。但是，兒子覺得我只要求他，總是盯著他，不去盯別人。」母親還解釋：「這個孩子很聰明，在班上成績總是前幾名。很愛說話，可是哪個孩子不是多話又心不在焉的呢？每當我們跟他提到這些小問題的時候，即使他沒有開口，也似乎可以看出他內心在吶喊：『你們總是拿這些無關緊要的事情來煩我！』」

這封來信的重點是，母親似乎是家裡唯一會教育孩子的人。只有她在教育這個活潑、好動、八歲大的兒子。丈夫說她太過於呵護孩子了？我猜想，孩子小的時候，他主要是讓妻子照顧小孩，自己卻不太在意孩子。

總之，已經兩年了，她早就可以不用再提醒這個男孩子什麼了。不用說：「小心！」（也就是不用說：「要按照我教你的方式來做！」），而是可以說：「從現在開始，所有的事情都由你自己搞定，因為本來就應該這樣。如果做不到，你可以向我求助。」也就是說，應該由孩子來向母親尋求幫助，而不是要母親來盯著孩子做事。如果他毛衣沒穿好、如果他全身濕透了，或者抱怨自己全身濕透了的時候，母親可以回答他：「咦，你不是有雨衣嗎?!可憐的孩子，你沒想到嗎？」這就夠了。母親不用責備孩子，他自己已經親身經驗過了。如果孩子弄丟了書包，母親對他表示同情就可以。實際上，在這個孩子遇到類似不愉快的小麻煩時，只要表示同情就夠了。聽說這孩子一不留神，也會打翻盤子。我認為，這位母親總在伸長手臂為兒子料理所有的事情，已經太久了。因此，幫助這個孩子最好的辦法就是，不要再提醒他任何事情了。他跟母親講自己做了蠢事時，母親可以回答：「看呀，小的時候我太呵護你了；不過，你自己能做得很好的！」這樣就可以了。如果孩子沒有洗手就上桌吃飯了，母親可以提醒一句：「用髒手吃飯不好，因為你的手摸過好多東西。你看我總是把手洗乾淨才上桌。」不過，母親千萬不要在吃飯前就命令兒子去洗手。耽誤他五分鐘的時間，飯菜就會涼了嗎？那有什麼關係呢?!這位媽媽應該不要再干預孩子了。

現在，如果父親想要介入提醒孩子的話，也就是我剛才要求母親不要干預的這件事，母親不要插手，應該信賴丈夫。如果父親沒有注意到孩子的髒手，就算了！這不是母親的責任。應該讓這個孩子在自己與父親之間權衡該怎麼做，不用母親插手。既然孩子非常聰明伶俐，又很能衡，一切都會完滿解決的。只是母親沒有早一點就讓孩子自己去闖罷了，就是這麼回事。

現在，我們把範圍再擴大一點。您剛才說，許多來信提到孩子不知道如何掌控自己的課業，很會拖延，要不就是從來都寫不完作業，要不就是花了好幾個小時在作業上，最後還是沒能做完功課。這就只是怎麼安排功課的問題。孩子要到某個年齡，才會注意到這個問題。在這之前，我不認為父母能幫上什麼忙。

或許也可以這樣幫忙，例如準備考試必須複習功課的時候，父母就可以幫助孩子。父母可以很早就開始教導孩子如何學習課程：要求孩子高聲朗讀課文。父母可以先示範給孩子看應該怎麼做：大聲朗讀課文，並讓孩子仔細聽好（即便孩子不太專心，他還是看到了父母是怎麼做的），接著父母遮住已經讀過的部分，並試著背出來。如果孩子說：「好了！我背好這一課了！你想不想聽我背一下課文？」父母可以答應，但只限於孩子主動要求的情況下，並且絕對不要要求孩子背誦全文。最多只對孩子隨機提出一、兩個問題，並且提醒他：「這個問題你原來不知道吧！」如果孩子辯解：「才不是呢，我本來就知道了！」父母可以回答：「雖然你知道，可是卻答錯了。」這樣就行了。反之，如果孩子回答對了，就可以說：「你看，這個問題你已經知道了，希望剩下的問題你也知道。」不要纏著孩子一而再再而三地要他回答，免得讓孩子反感。

還有一件事，那些小時候曾經得過厭食症的孩子（即把吃進去的飯嘔吐出來，不願進食），學習課文會比其他的孩子慢很多。絕對不要要求他們背課文；因為對他們來說，背誦就像嘔吐一樣。應該告訴孩子：「我相信你已經花了足夠的時間在功課上，你應該掌握得很好了。」假如孩子第二天回來說：「我的分數很差。」應該要鼓勵孩子：「你一定可以做到的。你知道嗎，就像你小時候吃不下東西一樣，課文也是要『嚥』下去的，你現在還沒把它們『嚥』下去，以後一定可以做到的。」總之，要對孩子有信心。

至於學業安排方面，孩子差不多要到國中一年級[1]才會對此感興趣。如果能夠在小學就教導孩子如何安排功課，會很有助益。然而，只有少數老師會這麼做——那麼父母或者兄姊又能夠如何協助孩子呢？前提是要由孩子自己提出要求：「我想解決寫作業的困難。」那麼，首先看一下孩子的家庭聯絡簿，要是記得很亂，孩子就不會明白自己該做什麼。可以告訴孩子：「這個問題用不了幾天就可以解決的，你先借另一位同學的家庭聯絡簿回來，我們來比對一下。」因為有些孩子就是會漏記一部分該做的作業，可能是因為寫得太快，或是由於寫得太慢。然後，如果要做的作業都記清楚了，父母可以跟孩子一起估算每一門科目作業需要的時間：「你寫這門科目需要花掉這些時間，到了幾點鐘你去做那項功課，順利的話你到幾點鐘就可以做完。」父母可以幫孩子把時間記在一張紙上，放在孩子身邊。母親記著這些時間的安排，然後過來看一下：「現在可以了，你已經花了夠多的時間在這科上面了，換另一科吧。」否則，特別是從國中一年級開始，孩子會吃不消的，因為老師的要求很多，甚至讓人連一門科目的作業都做不完。漸漸地，幾週之後，孩子便能夠如期完成作業，並且知道在老師要求學習的內容中有所取捨，因為也必須知道適可而止。在忽視和完美主義之間應該要找到平衡點，也就是達到適當的效率就行。

又有一封不知所措的母親的來信：她有兩個兒子，一個八歲、一個一歲，還有一個四歲的女兒。她向您提出的問題是關於八歲的大兒子：「他是個非常快樂的男孩，在學校也吊兒啷噹的，學習表現不好也不壞。但是，他作業寫得很亂，我試著讓他至少寫整齊一點。今早上學前，他振筆疾書寫了一封短信給學校為他安排的筆友，因為昨天晚上做作業的時候，他忘了順便把信一起寫了。每天放學回家後，我都會看他的聯絡簿，可是寫信的事沒有記在上面。到了早上八點二十分，他剛用原子筆改了我給他指出的兩個錯誤，可是信是用鉛筆寫的。我跟他說：『你要重新寫一遍，讓你得到教訓；不要等到最後一分鐘才行動。』這時候，兒子開始激動地哭了起來，突然對我說：『不行，媽媽，我上學要遲到了……求求妳了！』由於我絲毫不讓步，他竟脫口而出：『我要自殺了！』這是我第一次聽到兒子說這個字，讓我很害怕。於是我冷靜地跟他說明關於他的信，下次要早一點寫，我們也不要再為這件事情吵架了。他受到安撫，也冷靜了下來。然後，他沒有重寫這封信就走了。現在，我擔心他之後會不會再用這句話來要挾我，因為他一定很清楚地意識到這句話對我產生的威力有多大，讓我感覺像被澆了一盆冷水。請告訴我，要是他再這樣

威脅我的話，我該怎麼辦？這是我第一次不知該採取什麼樣的態度。」

這封來信很有意思，因為一個是聰明的孩子，另一個是不知道如何當好一個八歲男孩母親的女性。一個男孩從七、八歲起，應該要知道母親是信任自己的。我在想她是不是最好徹底擺脫扮演兒子監督者的角色，因為這會破壞他倆關係的。另外，我也在想如果孩子下課後留在學校自習，做完功課才回家，母親不再檢查孩子的作業本，這樣做會不會比較好。她可以對兒子說：「我希望你現在能夠一個人完成任務……以前我常常嘮叨你去做功課；但是，現在我信任你。」是時候讓這個聰明的孩子對自己負責了。再說給筆友寫信這件事……有拼寫錯誤又怎麼樣呢？這位女士非要糾正一個孩子給另一個孩子寫的信裡面的錯誤，實在讓人驚訝。

這位女士來信的後面還有附註：「我是等兒子放學回家以後才寫這封信給您的，是想先看看他的心情如何。」孩子看了她一眼後說：「咦，妳今天特別安靜。」她對此很不安，因為她覺得兒子以後會再用那句可怕的話「我要自殺！」來要挾她。這又證明什麼呢？是證明這個孩子很聰明，還是精神錯亂？

這只是證明他已經不知道如何擺脫母親，開始為自己做主。真正顯示的就是這一點。母親讓他沮喪到不能愛自己的地步，因為他所面對的是一個永遠犯錯、永遠需要糾正的自我形象。他感到自己一直在被母親追捕。他是個性格無憂無慮的男孩，這又何嘗不可呢？要是我們都能無憂無慮，身心狀況都會更好。憂慮以後必定會來的，可是他還沒到憂慮的年齡。母親為什麼偏要給他製造憂慮呢？字拼錯了有什麼關係呢？如果是在聽寫測驗時犯了錯誤，當然需要改正，但是，一個八歲男孩在信裡寫了幾個錯字，跟母親有何相干呢?!

更何況是，用原子筆或鉛筆這樣的小事……

真是的！這封信實在有點可怕。我希望男孩給自己母親的這番教訓會起作用。其實男孩並不是為了威脅母親而說自己要自殺的，他這麼說是因為被逼得沒辦法，才有了這個念頭：「已經無計可施了，如果活著就只能這樣，那又何苦啊！」我再說一遍，八歲這個年齡應該為自己而活，自己承擔責任，哪怕因此在學校的成績變差了，也僅是小事一樁。再說，晚上回家，孩子不應該還有作業要做；回到家裡就是要享受快樂，而不是沒完沒了地寫作業，母親不要成為老師的分身。

還是一樣，又是一封根本沒有提到父親的信……也許父親會像我一樣說：「妳不要再管他了！他都八歲了，應該知道自己該做什麼了！」

我敢肯定，這位母親聽完您的回答以後會擔心自己要是改變態度就等於放手不管了。她會想：「兒子一定會混水摸魚。」

不會呀！她應該跟兒子說。當兒子問母親：「妳怎麼這麼安靜？」時，她為什麼不回答兒子：「是的，當我發現自己對待你的方式引起了這樣一種反應時，我很震驚。可是你知道我愛你嗎？」他不知道母親愛他；他想的是上學要遲到了，而母親卻寧願糾正他不讓他走。然而上學是兒子該做的事情。他不應該去操心母親說了什麼、自己吃過早點了沒、衣服是否穿好了。他想去學校，就去！這是孩子自己的事，不是嗎？我再說一遍，一個八歲的孩子應該為自己負責，當然是在父母的監督下；不過，是在大原則下，而不是像這位母親這樣時刻緊盯著孩子不放。

1 譯註：法國學制是小學五年、國中四年、高中三年。因此這裡提到的國中一年級，相當於台灣的小學六年級。

10 為什麼學校一定要這麼苦悶？——缺乏教育的教學

我想跟您談的是一位女聽眾來信問的問題，她有三個孩子，分別是十四歲、十三歲和十一歲半。十三歲的二兒子最近在給母親背誦課文的時候，突然哽咽地哭了起來，因為他有一點分不清平、翹舌音。就像這位母親說的，他一開始背誦，就卡在句子的開頭，一再重複。父母親已經試著解決這個問題，他們帶孩子去看了兒科醫生、語言矯正師。不過，醫生都說這不是個很嚴重的問題，可能只是需要時間或多加練習，慢慢會好的。這位母親寫道：「我想向您請教的或許並非完全是醫學方面的問題，而是想更加了解關於這個孩子心理方面的焦慮。我們想協助他渡過這個難關，由於在學校裡他常常是老師和同學們嘲笑的目標，為此他深感痛苦。」

這確實反映了法國學校的一個問題，老師在學校裡無法有教無類。「教育」是從來不容許讓學生因為生理特徵、肢體動作或語言特徵異於他人而受到煎熬的。這種情況真是可恥。

這讓我想起一位年輕人的來信。信中說到，同學們嘲笑他，因為他也有一點輕微的發音問題，而且比其他人來得瘦弱一些。後來他終於找到了解決辦法：藉由遠距學習，順利地完成了學年考試。父母再三猶豫之後還是讓他去了英國，現在他在英國的境遇比自己在法國的兄弟姊妹好多了。儘管他的發音有缺陷，體質又孱弱，然而在英國，心理和社交方面的發展都比較容易。相比之下，在法國他一直是眾人不斷嘲笑的對象。他講述道，任何一所英國的學校，都不存在這樣的行為。我很希望大家能夠明白這一點。對有些敏感的孩子來說，法國學校令人難以忍受。這真是可惜，因為無論是個性敏感或身體缺陷，都無法奪走一個社會公民的價值；正好相反，這些孩子的人格特質日後將因此而更加豐富。

回到這個說話有點平、翹音不分的孩子的話題上吧，我有點不知道該說什麼。即使醫生們認為這個缺陷不是很嚴重，他當然還是可以經由心理治療得到協助。幫助他，就要讓他能夠用自己的方式來保護自己，而不是按照他人的想法去做。我能說的就是這些。

好吧，可是做父母的……他們怎樣才能幫助自己的孩子呢？因為並非所有的人都有辦法讓孩子換學校、換國中、換高中。而且這位母親也意識到讓兒子感到痛苦的，並非是他身上的小缺陷，而是周遭所發生的事情讓他困擾。

如果我說不知道怎麼幫助他的話，是因為這件事或許不應該由母親來干預。因為如果母親過度保護自己的孩子……應該由父親來處理這個問題會比較適合……

您認為父母親在這種情況下，是否應該去找老師們談一談呢？

這是一把兩面刃。這件事取決於老師的個性，也要知道這個男孩是否希望這麼做。當然，父母可以詢問老師關於孩子的進展，這是必要的；至於去找老師是為了跟他們討論老師自身性格上的缺點或問題時，又另當別論了……我不認為父母能夠去跟一位以嘲笑學生為樂的老師講道理。我們可以透過談話來改變一個孩子內心殘忍的一面；然而，一個成年人如果不是有著極為自卑的心理，是不會去嘲笑一個有先天缺陷的人。我擔心如果父母與這位老師談話以後，情況反而會更為嚴重。你們想怎樣呢？難道要所有的人都做心理治療？這是不可能的啊！看到有些人成為教師，只是因為通過考試、獲得文憑，然而，卻不具備身為教育者應有的良好心理素質去與孩子們接觸，並在教養方面起示範作用，這種情形的確讓人震驚。這些教師受過教育，可是在他們傳播知識的同時，也給孩子樹立了一個被自卑感蠶食了的榜樣。信中提到的男孩在某些方面更優於嫉妒並嘲笑他的教師，這是肯定的，也就是這點讓老師感到不舒服。

或許孩子的父親（而非母親）可以去找兒子學校的校長談一談，並告知兒子的困境？透過校長去跟班長談談的方式，來扭轉這個難以容忍的狀況。否則就得把孩子換到另一所學校了。

這裡有一個案例與前一封信有些共同點：一位母親有兩個孩子，分別是七歲半和六歲。大兒子很活潑感情豐富，然而不幸的是，他班級的女導師卻非常嚴厲。結果他的分數總是很低，不斷地受到指責；更嚴重的是，他得在全班同學的面前承受刁難和羞辱。他第一次在班上把作業做得很糟時，在忍受全班同學嘲笑之後，還得去隔壁班朗讀自己的作業，讓自己再次被嘲笑一番。這讓他非常受傷，感到羞辱。這位母親寫道：「我總是試著親切熱情、善解人意，與這位女老師逆向操作。可是，我沒有能力把孩子送去理想的學校，比如那些弗雷內（Freinet）[1]學校。」另一方面，她不敢去找老師們談，因為她預設老師們早已堅信自己是對的。當然，她對傳統教育感到失望。她厭惡——我想這個用詞並不誇張——那些不讓孩子在和諧氛圍中學習的老師。這位母親信中的最後一句話非常貼切地做了總結：「天哪，為什麼學校一定要這麼苦悶呢？」

這種羞辱式的教學法同樣也讓我感到極度憤慨。我不知道為何孩子的父親沒能親自去見見這位女老師。也許他完全沒時間吧？而且有些學校也不會在父親們有空的時間來接待他們。我覺得非常糟糕的還有：竟然沒有為父親們騰出上班時間之外的特定時段，比如每季兩次，讓學校校長和老師可以接待父親們的來訪。

總之，以目前情況看來，事情就只能是這樣，這位母親只能幫助兒子忍受老師的個性，同時告訴他：「聽著，重要的是你要長大，並且好好學習。既然你上課時已經認真學習了……沒有哪個孩子不犯錯的。」這就行了。母親應該盡量減輕事情的傷害。其實，她就是這麼做的。

不過，我還是要說這些教師的做法是錯誤的。我希望所有讀到這本書的老師都能從剛才所說的案例吸取教訓：永遠不要羞辱一個孩子或是默許同學們羞辱他。當同學們嘲笑一位表達不好或沒把老師規定的作業做好的孩子時，要讓學生們閉嘴，並說：「這樣做很不人道，你們怎麼可以這樣做呢？你們真像籠子裡的猴子。」這時候，老師就更不能表現得像籠子裡的猴王了。學校是為了讓孩子建立信心而設立的，哪怕孩子的作業做得不好或是犯了錯。我們越是能夠幫助孩子走出困境，越是完成了教師和教育者的使命。

好，這就是您對這個觸及孩童與教師之間的關係——或者應該說孩童與教師之間的缺乏關係——的案例的看法。

教師們旨在以教育為目的服務孩童，而不是為了貶低孩子、羞辱孩子。

有一個總是讓父母震驚的嚴重問題，就是當孩子說：「我要殺了自己，我要自殺。」這是一位十一歲男孩的母親在給您的信裡寫到的。她兒子在學校與同學的關係有非常多的問題。他天性上沒有（或者沒有表現出）很強的防禦力，給人一種很容易被欺負的印象。於是，就在他進到這所有三百名學生的中學三個月以後，同學開始向他勒索，要求他上繳金錢。

有人勒索他？

是的！有人威脅他，如果不帶錢來，就揍扁他。他完全被嚇壞了。放假的時候他一切都很好，

可是一到要上學了，他就怕得肚子痛、呼吸困難，有時候甚至還想嘔吐。他不斷地重複說：「我不想回到這間學校。」她還列舉了其他的事件，例如，別人揍他；另外有一天，當他準備上公車的時候，有個男孩搶走了他的公車卡。總之，所有這些令人羞辱的事情，似乎都讓他無法再克服自己的恐懼。他對母親說：「妳不給我換學校的話，我就自殺。」

這個案例可能會以悲劇收場。我不理解的是，這位母親完全沒有講到孩子的父親，就好像家裡沒有男性可以盡快去找校長，並且一起商量找出對策。在我看來，這是由於孩子的父親未曾告知老師有這些情況，導致老師失職。最好不要由母親出面，因為有不少母親連雞毛蒜皮的事都會抱怨。是啊，經常都是這樣的。我知道您會覺得我誇大其詞……

我在想這是您的觀點呢，還是您在描述大多數教師的反應呢？

相信我。當孩子抱怨時，很常見的是，母親就會非常擔心地跑去找老師，而老師很清楚班裡沒有什麼大問題。所以老師對於這些跑來投訴的母親會感到非常不耐煩。

「這就是女人嘛！」您知道每次您這樣說的時候，我們都會收到雪崩般的來信：「胡說八道！

因為我們是女人，我們就會這樣？」

不是的！只是因為母親都很護衛自己的兒子，兒子便會利用這種心理，尤其是當他們剛進到一所新學校的時候。這個男孩曾經因為上中學而十分開心：這讓他覺得自己很重要，覺得自己成為大男孩了。然後，事實證明他還沒有準備好。如果孩子一開始不知道如何自我保護，不懂得揮幾拳、踢幾腳，以表示自己不是個軟弱的傢伙，這類的問題就來了。如果這個孩子從入學開始就成了所有人欺負的對象，可能就是因為他至今都是個被過度保護的孩子。現在應該由父親出面來教導兒子。還是或許根本就沒有父親呢？

總之，這個男孩不能繼續待在目前的狀態裡。現在找校長說這件事已經太晚了，因為這種情況已經持續三個月了，大勢已定，這個男孩已經成了所有人嘲弄與施暴的對象。孩子就快生病或是真的像他所說的那樣去做——他完全不是用那句話在要脅父母，他是真的受不了了。他已經到了絕望的谷底。

這正是我想請教您的問題：根據您的經驗，當一個孩子以自殺要脅的時候，應該當真嗎？

有時候孩子說這樣的話只是為了讓母親擔憂，並沒有其他的原因。然而在這個案例裡，孩子確實是病了，並且的確受到暴力的凌辱；當他回到家裡，母親也親眼證實了這個事實。不僅如此，他還受到勒索……我不知道老師是否知道這件事，不過我知道許多被勒索孩子的真實案例：僅僅因為同學看到他們有一件或許比較好看一點的毛衣或者新鞋，就非常嫉妒……有些孩子甚至被同學強迫脫掉衣服，被同學偷走毛衣、鞋子、作業本。目前，有些學校裡有很嚴重的暴力事件，我認為大家還不夠重視這個問題。受害者也沒有任何求助的辦法。

同樣地，當一位學生遲至學年開始之後才來到新班級，而班上的小團體已經形成了，他便很難再融入。在這種情況下，老師的角色就是向全班同學介紹新同學，並在班上選兩、三位學生居間協助，直到他被全班接納為止。這種社交心理方面的工作，也是教師的責任。

回到我們的來信上，我認為這位母親應該在經濟上做點犧牲，把兒子送到私立學校，或者轉到離家遠一點的中學——既然他們住在一個大城市，她可以去見督學，或者也可以去見市政府教育局人員。她必須採取行動！尤其是假如她沒有丈夫的話，不能讓孩子繼續處在這樣的情況中。如果孩子有父親的話，無論如何他都要花上一天的時間去見見校長、校內的心理醫生或是督學，找到解決辦法來拯救孩子。

1 譯註：塞萊斯坦．弗雷內（Célestin Freinet, 1896-1966），法國著名教育學家、教育改革家。出生於普羅旺斯，家中八個孩子裡排行第五。經歷過非常不愉快的學校生活，因此影響他日後致力改革教學方法。

一九二〇年起，擔任 Le Bar-sur-Loup 鄉村小學教師。在同為教師的妻子葉莉斯．弗雷內（Élise Freinet, 1898-1983）協助下，與其他教師們合作，開發了一系列的教學法。建立在孩子們自由表達的基礎上：自由寫作繪畫、校際通信、印刷辦學報、徵詢討論、合作性會議等。在那個思想衝突的時代中，他活躍於政治和工會，認為教育是一種進步的、讓政治和公民自由的手段。

致力於「更有效率、更加自由、更人性化的現代學校」，弗雷內教學法通過現代學校運動（Mouvement de l'École moderne）一直延續到今天。弗雷內教學法已經進入到各種教育機構，激發了制度式教學法並研究更自由的、自主的管理方式。位於 Vence 的弗雷內公立學校，在一九九一年成為聯合國教科文組織定為文化遺產。

11 為你的將來做好準備！——父母與學業

讓我們再來聊一聊孩子學業的問題吧，尤其是父母通常對孩子的學校生活都非常重視……

……我們也可以談談父母對這項議題的焦慮，更大於他們對這項議題所賦予的重要性！

這種掛慮常常會出現在父母所提的問題中：「我十一歲的兒子看上去很快樂，但是如果他在學校成績不好，將來會有成就嗎？長大後會幸福嗎？」由此衍生出各種關於學校的問題。例如這裡就有一封信，相當具有代表性：「多爾多女士，我的丈夫不同意您的看法，不過我倒是比較支持您的說法。例如，我們七歲半的兒子，正讀小學二年級，在班上有些閱讀方面的困難，我丈夫就

堅決要求兒子每天都必須花時間閱讀。為此他們之間發生了不少的衝突。您有什麼看法嗎？」

這個爸爸想幫助自己七歲半的兒子學會閱讀，很好啊！不過這位父親應該要知道，就像弗勒內曾經應證過的：不是透過閱讀，而是透過書寫來學會閱讀的。如果父親愛閱讀，早晚會感染給兒子的。他也可以給兒子講故事。如果他想訓練兒子的閱讀能力，可以讓兒子讀一、兩行文字並解釋：「多麼神奇啊！你看這些小字母，結合起來就變成了有含義的詞語。」父親應該讓孩子對閱讀產生興趣，而不要像現在這樣讓孩子在哭泣和尖叫中進行閱讀。如果母親也想幫助孩子的話，可以把報紙上的一些印刷字母剪下來，貼在一塊紙板上。也可以在商店裡買到拼字遊戲卡。他們倆可以用這些字母拼出字詞來玩，或者一起玩些填字遊戲。對這個男孩來說，都會是更好的閱讀培養方式，因為他對閱讀已經有厭惡感了。一個孩子在緊張的情況下，永遠不能獲得良好的成長。

這裡有另一封信表現出另一種態度，也反映出許多父母對孩子學業的焦慮：「我有個十二歲的兒子學習不好，需要協助他才會去做功課。父親會拿一些事業有成的堂表兄來舉例，說他們十二歲時都是好學生……」

我想立刻說明，拿另一個孩子來給自己的孩子做榜樣是很不好的。這位父親似乎因為自己的孩子學習不佳而感覺低人一等，他好像比較想當另一個孩子的父親。這樣的態度意味著：以別人家的孩子做榜樣，而不是關注並且去激發自己孩子的優點。教育孩子，就是協助孩子發揮自己最大的潛能，絕不是激勵他去模仿另外一個人。

話雖如此，讓我們稍微站在這些給您寫信的父母的位置：「我們必須代替他做作業，不然他就完蛋了！」某些孩子顯然不適應今日的學校生活；然而他們還是得上學。我們可以怎麼幫助這些孩子呢？

如果父母想替孩子做作業，也未嘗不可。不過，前提是孩子在這段時間裡是快樂的，並且可以去做其他的活動。我也不確定。當一個人感到身心愉悅的時候是幸福的，那時候他就會有動力去做事情。如果父母為了讓孩子順利升學而替他寫作業，我不反對。我們總不能阻止父母去做讓自己開心的事情吧！但是這樣做對孩子來說，就不具教育意義了：因為，孩子實際上拿到的是父母的分數。

所以我們又回到這個問題上了：如何才能幫助這些孩子呢？

首先應該徵詢孩子是否希望被幫助，如果需要的話，究竟是哪一方面需要幫助。癥結就在於此：父母總是希望一些孩子還不想要的東西！如果一個孩子請求父母親幫忙，父母應該給予支持與協助。有些孩子無法獨力保持專注。必須承認，孩子在教室坐了八個小時之後，回家還得寫作業，除非親子關係是愉悅、溫暖又充滿愛的，不然就會起衝突。父母陪伴在孩子身邊，做自己事情的同時，也能及時回應孩子的要求、鼓勵孩子。應該避免的是，對孩子吼叫、強迫、威脅或利誘。這樣做會讓孩子厭惡學校，或者讓他變成只關心學業的人，而錯過一生。

多爾多女士，這裡有封來信，對您沒有充分考慮到實際的社會情況有些微詞：「也應該考慮到家境清寒的人的想法，他們渴望讓孩子擁有更充裕的物質生活，因為物質的寬裕與文憑往往是相輔相成的。」這也說明了為什麼有些聽眾會有「強硬」的反應。

像剛才您說到：「否則就會錯過一生」，關於這點，有一位女性聽眾來信道：「當我聽到您說，要是孩子在學校不認眞學習也無所謂；反之，那些成績優秀的學生才是不曾擁有過青春的孩子。這樣的說法讓我非常震驚又憤怒。」

事實上真的有不少人寫信跟我說：「我的青春被學校毀了。」

這位女士寫道：「我有七個孩子……大女兒二十五歲，是土木工程師；二女兒二十四歲，是航空工程師；三女兒二十二歲，是農業工程師，四女兒二十歲是護士；然後是三個男孩，還在上高中……」

這些孩子就像大家所說的，學有所成。這位母親也講到自己一直在家裡做全職主婦。由於她沒有工作，某種程度上她似乎接受比較低下的地位。然而，這是一份了不起的工作；母親照顧好家庭，讓家裡很舒適，並且一直陪伴在孩子身邊透過言語協助，既不干預也不強迫孩子，讓他們能夠專心讀書。

她強調，孩子並沒有錯過人生，他們參與各項運動。「直到去年，我們家是沒有電視的。孩子曾經學跳舞、彈鋼琴。」

這個家庭裡的每一個孩子之所以成功，就是因為在學校之餘他們有機會做自己感興趣的事情。真的很棒！

這封來信結尾有一句話會讓您驚豔的：「我認為，多子女家庭裡的孩子是最幸福、最能『成才』的。」

正是因為他們彼此之間已經建立了豐富的人際關係，而且家裡的氣氛不緊張，他們才有今天這樣的成就。我不知道為什麼這位女聽衆會這麼生氣。我所說的是那些被父母鞭策必須學業成功的孩子。父母不關心孩子每天的知識累積，而只專注於對孩子未來的焦慮或野心。可怕的就是父母親逼迫孩子去讀一些父母自己都不感興趣的學科，而他們之所以這麼做是為了讓孩子「日後」能夠幸福。就是這句「為你的將來做好準備！」犧牲了孩子的整個童年。與此同時，孩子卻感到百無聊賴。父母和孩子對孩子所學的一切都不感興趣。父母想要孩子有好成績，僅為學業上的成功，卻不想探究孩子學校裡學習的各類科目──文學、科學、歷史、地理；不願在日常生活中與孩子分享對這些學科的發現與掌握。學業是否帶來了學習的快樂？是否回應了求知的欲望？或者為了贏得高分、考試成功與取得文憑就必須付出以自虐為美德的代價？

這裡有一位母親，她十二歲的長子剛折斷了右手手腕。必須上四十五天的石膏。因為他是右撇子，就無法寫字了。母親認為這眞是一場小災難：四天前當這件事情發生時，他才剛上國中一年級。她和丈夫擔心的是：「這個男孩平常就被動又遲鈍，現在更是完全置身事外了。也就是說，他把自己當作旁觀者般在經歷（手臂上石膏）這件事情。在家裡我們必須責罵他，他才會上工寫作業。」父母要求他練習左手寫字，免得課堂上四十五天都像個旁觀者。男孩沒有拒絕，但也沒有採取行動。接下來母親解釋說，她與丈夫跟這個孩子一直有問題，他曾經重讀小學一年級，按照母親的說法是——兒子似乎整天都在「神遊」。「在家裡唯一讓他感興趣的是他養的幾隻母雞和狗。他沒有一點運動細胞，這下子九十天都不用上體育課，實在讓他很高興。」

那當然囉！

這位母親還補充說明，最小的兒子從來沒有給她帶來任何問題。他學東西總是輕鬆又快速，所以母親不需要太操心這個兒子。她打算找一個人來看管並監督長子「做作業」——這樣的說法常常出現在給我們的來信中。去年男孩在一位女鄰居家裡做作業（可惜這位鄰居不久以前搬走了），學業成績不錯。事實上，這位母親有點不知道該怎麼辦才好。孩子指責父母總是沒時間陪伴他。

總之，她想無論如何應該治好孩子這種無精打采的狀態，於是請教您：「我應該帶他去看心理醫生嗎？」

我不知道是不是應該帶他去看心理醫生。但是，我認為當一個孩子集中精神在其他事情的時候，我們不能逼迫他去寫字或做作業。唯一可以激發孩子對自己學業感興趣的方法就是，父母親對孩子的學校課程感興趣。這孩子目前在學校能夠當個旁觀者是個難得的好機會，我覺得父母親應該好好把握這個時機，而不是責備他。去上學，又可以什麼都不用做，這樣他就能夠好好傾聽、觀察班上同學。或許他還可以去一個要好的同學家，幫這位同學做作業，跟同學討論書寫的內容，而他自己卻不用做作業。我覺得這對他會有好處的。

既然這個男孩苦於父母常常沒空陪伴自己，如果有人可以協助男孩，對他來說當然很重要，前提是對方是個開朗並且友善的人。

要知道這位母親在丈夫開的修車行裡的工作很忙，並且自從次子出生以後便不再照顧長子了。

我認為這個男孩會重新振作的，尤其是他很喜歡自己養的雞和狗。要是他可以在電視上看一些各式各樣關於動物的紀錄片會很有益的，因為這些片子確實非常引人入勝。既然他暫時不能寫作業，那就透過電視來學習。對於那些有點被動、學習有困難以及不想做作業的孩子來說，這是很好的方式。

母親千萬不要去責備長子，也不要強迫孩子振作起來，這樣的做法一點也沒用。相反地，如果她對兒子的學習內容感興趣的話，可以看看孩子的課本以及要學的課程內容。她可以朗讀給兒子聽，然後一起討論。

總而言之，如果我理解正確的話，您的意思是我們不能改變一個孩子。如果是個被動的孩子，並不會因為我們強加壓力就能讓他改變……

問題的癥結不在這裡。這位母親寫道：「我是不是應該諮詢心理醫生的意見？」然而，首先要弄清楚的是她的孩子有沒有因為自己的狀態感到痛苦。就目前來看，我感覺比較像是父母覺得痛苦，孩子本人倒是一點也不難受。

還有其他的解決方式：例如可以由主科老師每星期給孩子上一次課，第二位主科老師也可以如法泡製（國中一年級，他應該至少會有兩位老師）。等孩子康復後，如果願意的話，可以送去專門給學習障礙的孩子上課的國中補習（這類的中學對那些學習有障礙，仍然需要有人協助自己安排學習的孩子很有幫助。）他可以選擇住校或者只在學校吃午餐。這樣，男孩就比較不會因為父母親忙碌無暇照顧他而感到難過，尤其是如果他願意住校的話，也可以減少與弟弟的對比之苦。

這些安排都應該先問孩子的意見嗎？

當然啊！還有，如果要去看心理醫生，也要先徵求孩子的意見，不要只是說：「如果你願意」，而是應該跟孩子解釋：「如果你現在的狀態讓自己難受，並且希望有人可以幫你做改變。」因為如果孩子目前還不想改變，心理諮商就毫無用處。反觀這位母親，既然感到痛苦，現在就可以先去做心理諮商。我認為問題就在這裡；至於孩子，他非常有能力說出自己想要什麼。

另外一位母親有三個孩子：一個十二歲的兒子，兩個女兒，分別是十一歲半和九歲半。她給您描述了一下自己的家庭狀況：即使丈夫人在場，除非孩子妨礙到他，否則似乎從來不會注意到孩子的存在。丈夫與孩子的關係很糟糕，尤其是跟兒子。母親最近重新開始上班。一直到目前

為止，母親都會輔導兒子做功課；今年兒子上國一，母親就不再管兒子的功課了。她寫道：「直接的後果就是，兒子的學校成績一塌糊塗。他對什麼都不感興趣，從來不看書、不聽音樂也不玩遊戲。不過，他總是樂於助人，友善又令人喜歡。還有就是，他很喜歡和水手童子軍在一起。其實，我覺得他只有跟這些水手童子軍在一起的時候，才真正快樂。」她很挫折也很苦惱，因為孩子的學校成績，讓家庭關係愈發惡劣。雖然她不想要挾孩子：「實際上我還是要挾了他。有一天，我威脅兒子要是學校成績沒有好轉，就不准他跟水手童子軍一起去度假三個星期。」兒子去看了心理醫生，醫生認為男孩（心理）結構不夠穩定，但是幾次的心理諮商似乎並沒有引起男孩的興趣。母親很擔心，社會競爭越來越低齡化，甚至孩子從國二開始就有可能被淘汰，她不知道兒子將來會怎麼樣。在信的結尾，這位母親說道：「等他明白過來的時候就太遲了，他會責怪我的。」

這裡講到的是一個十二歲男孩，不過我們收到很多談論青少年的來信中都提到了類似的情況。

這些父母都為了「篩選！篩選！」這個想法而恐慌。那又怎麼樣呢？在這些淘汰者當中，有些孩子雖然學業欠佳，但具有很高的素質（例如合群、慷慨、手巧、喜歡運動、熱愛藝術）。當然，確實也有一些孩子看不出來有什麼特別的才能，在學校生活以及課餘生活中還沒有找到自己感興趣的事情。

這位母親很幸運，兒子對航海與社交生活感興趣，還有不管在家裡還是在外面都樂於助人，這些都並非小事。當然，有一個不知道怎麼當父親的爸爸，會讓孩子的教育變得很艱難。我想請問：這位母親是否足夠關心自己的丈夫？我感覺這個男人在家裡，似乎覺得自己幾乎是多餘的。他對孩子發脾氣是因為妻子只在照顧孩子。無論如何，既然兒子感興趣的是航海，那麼航海對孩子的未來就比學校重要得多；別再在乎學校成績的好壞，是否學業無成。我認識一些男孩先上船當見習水手，後來社會經濟狀況優渥，就是因為他們從十八、九歲開始自學，如今當上了海軍中尉或者遠洋艦艦長，儘管在十歲的時候幾乎不會閱讀和寫字……

要知道，在母親輔導下寫作業會令男孩變得女性化。到了前青春期或者是青春期階段，孩子會完全喪失之前所有與母親共同做事情的興趣。如果繼續保持這類的興趣，會削弱男孩的男子氣概。前面案例中提到的男孩，自動自發地參與其他男孩的活動，享受身為男孩子的樂趣，也就是說，他傾向於參加社會上一切能讓他成為男孩的活動，而不需要讓母親來替代他做事情（例如當他在幫忙別人的時候）。透過上學，孩子從某種意義上與母親分離，這就對了！就應該這樣！如果他在學業方面退步，母親不要著急，也不要為此與兒子鬧僵。母親應該跟兒子說：「或許我照顧你這麼久、又長期幫你做功課是挺愚蠢的；既然你這麼聰明，哪怕我放手不管，你照樣也能應付。我們不要再提學業方面的事了。反正你重視的是戶外生活、體能活動以及假期，還有你現在對航海很有興趣。你應該盡早去了解自己在航海領域裡可以做些什麼。」事已至此，這位母親現在要明白，無論兒子的成績是好是壞，無論是留級還是轉讀職業學校，重要的是兒子的幸福。對這個男孩來說，最重要的是他對所有戶外活動的興趣。他不可能一直生活在一個有兩個妹妹的家裡。他需要的是和男孩子一起生活，何不就讓他跟這些童子軍一起呢！也許這位母親可以趁著暑假讓孩子去招聘見習水手的漁船上過三個月，或者是住到海邊的漁民家裡。母親一定要為兒子找一找這類的機會。而且整個學年，可以為兒子找一所濱海地區的寄宿中學，也讓他報名參加週三和週日的海上活動。母親不要再操心兒子的學業了。如果這樣做，兒子放假回家的時候會是開開心心的。或許她丈夫就不會再那麼易怒，因為不會再看到妻子總是在照顧著兒子，也不會再以學業為藉口佔據了她所有的念頭。

目前，她正走在錯誤的方向。從其他的來信裡也可以挑出一些類似的例子。由於母親只想把兒子留在身邊，並總是操心他們，這會讓男孩因此變得愈發退化、消極，失去了對一切的興趣，最終無法為自己而活。

的確，有時候只崇尚學業會帶來真正的災難。暫且不提具體的例子，因為總會讓人有點為難，然而的確有些母親在信中講述了自己如何把孩子養成作奸犯科——不知這種說法是否完全準確，反正令人很難啟齒——而母親一開始都是出於好意的。

完全正確！這些母親，一方面只在操心孩子這也不要、那也不好，另一方面只要孩子讓母親高興，便會禮物成山。這些母親總是這樣：不是威脅懲罰，就是用獎勵引誘孩子。總是這樣——不是藤條就是胡蘿蔔。然而，孩子活得積極、快樂才是最重要的。學業是一種途徑，而不是目標或終極目的。一旦孩子有了人生目標，他就會發現學習的樂趣。無論如何，總有一段時期我們會後悔自己做過的事，或是沒做過的事。因此如果有些母親擔心：「孩子以後會責怪我的。」我想回應她們：「接受孩子未來有可能會責怪妳們；目前妳們的孩子正在完全偏離軌道，因為妳們同時扮演了父親、母親甚至孩子本身的角色，把妳們個人的野心強加給孩子，阻礙了孩子自己去發現。父母應該愛孩子本來的樣子，而不是想要取代孩子。」

12 我受不了了！——談義務教育

這裡是一位父親的來信。透過兒子的一篇法文作文，這篇作文已經由老師修改過了，這位父親感覺到孩子很不開心，而且有一些問題。這些問題一定還不是很明顯，然而卻足以令這位父親感到驚訝，於是才來請教您的看法。

作文的主題如下：「人們總說：『啊！你們正值美好年華！』你們覺得真是這樣嗎？請用具體且個人的例子來論證。」以下是這位十三歲半男孩寫的內容：「我不覺得十三、十四歲是美好年華，美好年華應該是在七歲左右。七歲之後，生活就變得困難了。我個人覺得自己並不處在人生的美好年華裡。我下午五點半回到家，休息到六點。六點半到八點寫作業。八點半吃飯。直到九點半上樓睡覺，我幾乎見不到父親，也沒法跟他講學校或學習上的事情。當我去看望祖父母時，他們告訴我，小時侯赤腳去上學，十一歲就開始工作了。但是，他們至少可以在戶外活動、奔跑；而我呢，卻整天被關在室內。當我回到家，趴在作業本前，我的頭都暈了。我受夠了！眞想放棄一切，什麼都不要，遠離這裡，去做我想做的事情，任我決定時間和地點。」他最後寫道：「我受到責備，大人警告我：『你等著瞧吧，以後你會後悔沒有好好學習，將來會淪為清潔工或流浪漢。』我害怕以後要成為大人，要做決定，要獨自面對生活。對我來說，童年美好的世界已經結束了。童年是純眞無邪的，那時候我眞是快樂啊！沒有讓我煩憂、困擾、苦惱的問題，現在我意識到了。我想重新開始生命，回到過去，重新做小孩。」

以上是這個男孩的作文。現在是父親的來信：「首先，我確實不會時時刻刻明顯地表現出慈愛陪伴兒子。我積極參與社會活動，平時應該留給家人的時間全都用在為他人排憂解難。所以，我承認自己的缺失。不過我要糾正：妻子關心孩子的學業，我偶爾也會關注。其次，這個大寶寶有兩個妹妹，一個十二歲，他們總是針鋒相對；另一個五歲，他經常逗弄她，不過卻很愛護她。他有五隻泰迪熊和毛絨兔，總是整齊地擺放在自己床鋪的長枕頭上。第三，他在年輕女孩面前表現得挺『正常』的。第四，他逃避責任，一味討好別人，意志不堅也不會堅持到底。第五，他手工藝及學業都不強。他喜歡去做屋架工程的堂叔家，但主要是為了逃避寫作業及必須做的事，而不

是對木工有興趣。」這位父親請教您兩個問題：「兒子是出了什麼問題？現在該怎麼做呢？」

在這封來信中，我們看到了目前（尤其是在城市裡）一個學生的生活寫照，我們試圖透過學習讓他獲得知識，可是他卻沒有能力去渴望得到它。我覺得這封信很悲哀。這個「巨嬰」——就像他父親所形容的——在童年時期（也就是七至十一歲之間），父親為什麼沒有到哪兒都帶著兒子呢？當時他是如此需要父親的陪伴，而且也沒有像現在有那麼多的功課。他本來可以跟著熱衷社會運動的父親參加各項活動聚會，並且對這類熱血的社會運動感興趣，就像他父親過去對爺爺的手工活感興趣一樣。很有可能這對父母就像許多父母一樣，認為孩子必須晚上八點半、九點上床睡覺，因為第二天要上學。他們總是對孩子說：「為你的將來做好準備！為你的將來做好準備！」

「否則你就只能當個清道夫。」

總是這樣！總是這份焦慮以及對可怕未來的預示；然而他就是個聰明且完全「正常」的男孩——這位父親形容得很貼切——可是，他最終只能在記憶裡找回「當他小的時候」曾經擁有過的快樂與溫馨。他對小妹妹很好，因為她正處於純真的年齡：最終，他只能透過對小妹年紀的認同，在家裡找到了一點快樂。他與大妹相處得不好，因為我們很難跟一個比自己小十五個月的妹妹做朋友，這正是這個案例的情況。這兩個孩子就是應該針鋒相對，反之要是他們很親密的話，他就不再是個男孩了；他們就會合而為一，變得男孩不像男孩，女孩不像女孩。

說完這些之後，我還是很難回答這位先生提出的問題，我真的不知道。我很高興他能有機會察覺到兒子不快樂。既然他知道了，就應該落實地照顧這個兒子——看是讓兒子暫離家居生活，或者親力照顧他。夏天就要來了，他可以設法讓孩子加入一些少年團體，例如參加修復坍塌古跡之類的事情。孩子應該與其他的青少年在一起。至少在假期裡，這個男孩應該有和同齡人一樣的生活：不需要只想著預備未來，也不需要在大人堆裡，總是必須表現得彬彬有禮又溫和友善。這個男孩需要跨出必要的一步，來成為青年。然而只有在父親的支持下以及融入社會同齡男孩之間，他才能做到——學校的女老師是幫不上忙的。

實際上，這封來信最有意思的是，讓我們看到老師在修改孩子法語作文上，非常制式化的評語。即使相較於同齡的男孩，他已經寫得相當不錯而且得了高分，還是可以看出老師的要求十分嚴苛。

老師的評語寫道：「粗心大意。導言要單獨起段。注意拼字和標點符號。不過，有許多可圈可點的地方。」

這位老師甚至沒有利用這次的作業來說一下：「好！我們要用整堂課的時間來討論你們各自對這個年齡的看法。」不是嗎？這正是這類作業的奇妙之處：如果可以與一位懂得傾聽的老師，在班上展開廣泛討論，並且引導孩子們覺知到自己想要取悅父母的苦行。可是，我們不能只是取悅父母開心，我們要能夠讓自己開心。我認為若是從這次作文起頭，在年輕人之間展開討論，一定會給孩子彼此帶來許多的交流。他們會看到，所有的人都有難處，因為他們正處於面臨許多困難的年紀。在這個年紀，孩子得在一個學業至上的環境中花費大量腦力，而這個環境並不鼓勵反思或者表達自我、抑或開展學業之外的興趣的可能性。例如，在男女混合的學校裡，可以創立戲劇社，或者組織樂團，還可以自己動手製作非洲鼓等等。這些都應該成為國中二年級校園生活的一部分，像是花上十分之一的時間來發展這些活動。

上法文課時，不僅要讓孩子們用書寫表達，也要引導他們做口頭表達，讓他們以輪流發言的方式來討論問題，對他們說：「你們都發言了。表達自己是件好事。這讓你們理解到有些同學有相同的難題，有些則沒有。並且能夠讓你們理解到彼此成長速度不同，父母從事的職業也不同。」學業固然重要，但一定不要忽略了彼此的交流。

回到剛才提問的這位父親，也許可以讓做木工的堂親和兒子多聊一聊，而不要立刻就要求兒子去工作。我認為如果孩子與堂叔聊聊，一定會很高興跟著堂叔去工作，兩人一起做事情。這個男孩絕對需要擁有男人之間的對話：隨同父親參加活動，並在優質社交場合裡接觸其他男人與男孩。至於學業方面的事情，開學以後再說。

這裡有一個以前從未談論過的主題。給您來信的是一位老師，她本人還沒有孩子，但這並不重要。並非一定要有孩子才能提問，不是嗎？

無論如何，她在照顧別人的孩子，她有母性的天賦。

她寫道：「義務教育直到十六歲，有時會讓一些在十五歲就想踏入成人生活的孩子退化，可是他們又沒有權利不去上學。」

我完全同意這位女士的想法。很遺憾這條法律讓一些對學業不感興趣的孩子在十六歲以前都必須上學。然而，對學業的興趣通常在十二歲左右出現。如果孩子到了這個年齡，對學業還沒有產生興趣時，最好是孩子已經有自己喜歡的工作做為替代學業的準備。每個孩子一定都會有自己想做的工作。孩子總是靈巧的，尤其是父母從孩子年少時就幫助孩子為此做準備，並且要在十二歲以後繼續鼓勵孩子。然而，令人遺憾的是，現行教育制度對所有孩子施行同一種學習模式；可是，有些孩子從某個年紀開始就想進入職場生涯——這位女士說的是十四、五歲，而我認為甚至可以更早。十四歲自然是不錯的年紀，因為正值青春期；不過那些遲至十五、六歲才進入青春期的孩子除外。無論如何，從青春期開始，孩子就知道並能感覺到自己適合做什麼事；當我們強迫孩子待在他們不感興趣的書本前時，孩子只會覺得自己受到國家的剝削。孩子人在學校，可是又什麼都學不進去，只是為了得到家庭補助！

不過，這條法律的出發點其實是好的。

不，我完全不這樣認為。我覺得這是社會層面的考量：大家不想讓孩子太早進入社會，因為孩子會佔到其他人的工作機會。我認為是這個原因。沒有任何專業技能，他們是會被剝削的嗎？事實確是如此。

我也很清楚，許多行業是需要有專業技術的學習背景；還有大家都認為如果年輕人沒有先經過長時間的學院學習，就不可能有份「好」職業。他們確實是需要學習理論和科學概念；然而，他們在學校是學不到這些的，因為學校讓他們感到無聊。如果從十二歲開始，讓那些不喜歡上學的學生，一天只上一個小時的基礎課程（例如，法語、算術），在其他的時間進行真正的工作——不是那些職能治療（occupations thérapies）[1]——而是實際地跟著真正的匠人工作，學習工具操作的真正本領，孩子的雙手與身體都會變得非常靈巧。智力的發展則變成第二順位，也許要到十八歲，甚至二十歲才會開始。不過，這樣他們至少能掌握一門手藝。雖然十六歲開始，對許多孩子來說太晚了，但對另一些孩子來說又過早了。

這樣的教學計劃當然很難實現，但是應該要做到。因為，許多孩子都被這樣過長的義務教育制度給毀了而對學校產生厭惡。然而如果他們能夠通過工作能力與社會產生價值交換，或許可以讓他們日後對學校重新產生興趣。這樣也可以避免某些年輕人變成蠢材、寄生蟲甚至少年犯。

（幾週之後）

在我們討論了關於義務教育到十六歲的話題之後，您收到了非常多的來信反應。尤其是，針對您認可孩子從十二歲開始就能夠知道自己是否想要繼續升學的這個觀點。

實際上，有些孩子在這個年齡就知道自己希望以求學為目標。然而，這並不意味他們應該忽略運用雙手的重要性。因為就算他們智力發展得很好，雙手靈活對他們來說也總是有用的。我對教育系統忽視這些感到遺憾。

因此，我從眾多來信裡挑出了這封信，我認為這封信總結的觀點非常中肯，很有代表性。來信者是一位女教師，她寫道：「您是對的。您無法想像，對於一個熱愛自己職業以及學生的教師來說，有時候無法給予學生眞正的教育，並且意識到無論教師付出多大的努力，有些孩子都無法自我實現，這是多麼令人難受又沮喪的事情啊……然而，我們畢竟是生活在一個現實世界裡：有它的法律、每天的生活以及步調。義務教育延長至十六歲曾經是全民爭取到的偉大勝利，因為在此之前只有富人才能上學……您說並非只有知識是重要的；就絕對的意義上來說，您是對的。但是，像您所說的那樣與現行的義務教育制度抗爭，這難道不會有點附和那些只希望擁有廉價、不專業又不具教育文憑的勞動力的人嗎？我是個共產主義者，因而見過許多工人，以及那些經歷輟學且十六歲就得工作的人，他們對我說過不知道多少次：『如果能夠重新來過』、『要是當時我可以……』、『要是我父母願意……』等等。」實際上，她擔心那些沒有繼續升學的孩子日後會因被剝削而後悔。

輟學確實有利於剝削，而且是立刻會發生的，可是也有防禦的方法。以前，成年人也會被剝削，現在有工會來維護他們的權益。於是，孩子開始意識到他們也可以捍衛自己。

目前，確實有些學徒合約（幸好並非全部）會讓孩子真的被雇用他們的匠人剝削：有些學徒甚至不敢去上夜間課程，有些被逼著每天工作十個小時。這些孩子被困在耗盡他們精力的事情裡，既沒有教導他們專業技術的提升，也沒有教會他們去承擔責任。有些學生變得不滿於現狀：以前他們是不同意學校，現在則是對傳授不力的職業教育，以及碾壓自己的生活方式感到不滿。

在這種情況下，應該讓孩子意識到自己從事職業的相關事宜，並且要讓孩子知道自己有捍衛尊嚴及健康的權利、維護履行合約的權利，教會孩子不要任由老板擺布——就像有的學生現在接受學校義務教育擺布一樣，不得不坐在教室裡，嚼著口香糖等著十六歲到來，終於可以離開校園。然後，在浪費了四年的時間之後離開學校，也完全無法實現自由的夢想。

也有很多來信回應了您的觀點：那些年紀很輕就帶著興趣開始工作、融入社會的人，是幸福的。我舉一封來信為例，寫信的聽眾因為一場嚴重的疾病中斷了高等教育，而後到港口工作：「學業已經遙遠，我身邊圍繞著工匠、漁夫、採花崗岩的朋友，我完全同意您的觀點。那個整天把『我的木頭』（『我做的樓梯』、『我的工作成品』、『我剛完成的家具』等話）掛在嘴邊的木匠以及那位送我螃蟹的漁夫，我想像不出有什麼理由要把他們困在學校直到十六歲？我鄰居的孩子們在十一、十二、十三歲大的時候，每週六就去工地了。相信我，他們以後會有一份相當棒的工作。他們都是活得非常幸福的頑童，擁有令人尊敬的美好家庭。我認識一個年輕人，父母離異，以前個性很火爆，還曾經多次離家出走到鄉下，現在成了一位景觀設計師，從事園藝造景和種植的工作，並且有一位美麗的未婚妻。他的收入很高，生活很幸福。如果他當初在深陷迷茫的情況下繼續學業，會變成什麼樣子呢？」還有一位甜點師傅來信寫道：「我從十歲左右就開始當學徒了，對我來說，做蛋糕是多麼快樂啊！我在學校成績不好不壞；可是學甜點，讓我覺得有存在感，因為我做的事情很眞實，我在學習我的專業。」

我想知道為什麼法國所有的手工從業者，沒有發起全國性的運動，讓他們可以在某幾天接收一些孩子一起工作。我不是指那個特許學徒工缺課的例外政策……

您是指：「華耶法」（Loi Royer）[2]嗎？

是的。該法律允許十四歲的孩子去手工業者那裡見習，只在晚上上學。我暫時不討論那些實際上在學校裡浪費時間的孩子，到目前都還無法閱讀和書寫，但到了十八歲，要是他們有動力也願意學的話，也能夠掌握讀寫，或者是去從軍，對吧？我現在說的不是這類型的孩子。我說的是那些聰慧的孩子，從十一、二歲開始，如果他們願意的話，每週應該能夠在他們社區或城市的匠人那裡工作一、兩次，每次工作一整天。這樣，孩子就可以在學習手藝的同時繼續學業，也可以成為知識分子，有何不可呢？他們還可以多擁有一門專業選擇。沒有什麼比跟隨嚴謹的匠人一起認真操控材料，更能讓人聰明的了。還需要制定保險制度以保障孩子在匠人那裡全天工作的安全（需要的話，可以讓父母小額贊助）。或許有些地方政府可以組織匠人，到學校招募真正有意願積極參與的年輕人。當然，應該確認他們的意願並非不切實際，而是已經準備好定時、有規律地在與對方約定好的時間內一起工作，聽從所有的指示，認真執行工作而不是為所欲為。有太多的孩子到了十六歲，就想不顧一切地掙錢，他們不願再在教室的板凳上浪費時間了。然而，因為還未曾做好職業準備，所以找不到工作。年輕人從十一、二歲開始雙手靈活，若是在別人交給他們工具以後能夠運用自如，就會對一份真正的工作感興趣了。

這是我提出的一個想法。許多人會說：「這是烏托邦。」不過，我認為其中存在著一種真正意義上教化人類的可能性——結合了責任感以及以興趣、喜好為支點的知識。孩子在面對自己感興趣的材料時，會同時表現出有創造力、有紀律，並且富有生產力。

1 譯註：職能治療，也稱職業治療或作業治療（occupations thérapies），使用特定活動（例如閱讀、寫作、繪畫、雕塑、音樂、歌唱、舞蹈、演戲、遊戲、體育運動、勞動、洗澡、穿衣等）協助恢復身體或治療精神、心理上的各樣疾病；減輕及舒緩病者在發展或社會功能上的障礙，提升自信，促進身心健康，以獲得最大的生活自理能力。一八九二年精神科醫師阿道夫・邁耶爾（Adolf Myer）首次提出職能治療哲學的相關文章。本文中多爾多用這個說法，來區別實際的專業訓練與不具教學目的的活動。

2 譯註：「華耶法」（Loi Royer）全名為「貿易暨手工業導向法」（Loi d'orientation du commerce et de l'artisanat）。一九七三年十二月二十七日法國通過的第七三—一一九三條法律，制定商業與手工業的管理方針，該法由炯・華耶（Jean Royer）提案並投票通過立法，是法國第一個都市規劃商業管理的規章制度。

13 愉悅的環境能讓孩子快樂——談主動式教學法

延續之前的思路，現在我們來討論「弗雷內學校」：因為這個議題讓很多父母非常感興趣。我手上有一封女聽眾的來信：「您曾經提到弗雷內學校，說學費很貴，父母要有一定的經濟條件才能送孩子去讀……」

這個嘛，也對，也不對。因為也有傳統公立學校曾經實施過「弗雷内教學班」，但是，據我所知現在都已經停辦了。另一方面，許多教師都受過從弗雷内理論衍生出來的主動式教學法的培訓。

弗雷內學校除了培養主動式的學習精神，也是第一所使用印刷來教授孩子寫字與閱讀的學校。這所學校的孩子既不閱讀也不書寫，而是透過印刷來自學讀寫。

而且很有成效。

是的。另外，在學生之間，以及師生之間經常有優質的交流；全班以討論的方式一起思考問題。大家共同做出決定，尤其是，每個孩子都有自己負責的事情。班上有種積極主動的精神，而不是被動的。並且，與其他的學校進行面對面的會談和書信交流……

班上學生的數量與其他正規的學校一樣多嗎？

是的，當然。但是，如果當年學生可以少一點的話會更好。

依我看來，政府後來不太可能繼續到處實施這類實驗班，因為相較於其他使用傳統教學法的班級差異太大。總之，不需要再執著於弗雷內學校，畢竟已經不存在了。然而，到處都有主動式教學班。前段時間，電視上有個關於上課疲勞的節目，非常有意思。節目中展示了傳統教學法與主動式教學之間的差異，儘管沒有特別提到弗雷內學派。片中要記住的是：受過主動式教學法培訓的老師教導出來的學生，放學後比上學前更放鬆，老師也是如此。大家都很快樂，這是最重要的。我們不要過於執迷「弗雷內」這個名詞。我知道，弗雷內是個天才。儘管因被定位於非主流而長期不為人知；然而，很多人都受到他的理論的啓發。我想，目前各地都能找得到主動式教學班。

家長如果想要知道所在地區有沒有這種主動式教學的班級，可以寫信詢問所屬學區的教育局。最重要的還是要找一所離家不遠的學校，不要過於求精，不要執著完美。讓孩子與同齡的孩子在一起！學校如果離孩子每天可以在街頭巷尾或小公園裡遇見的夥伴太遠也不好，這樣會讓孩子邊緣化。

如果父母想讀一些有關主動式教學方面的書籍——又未嘗不可呢。那就學以致用這些主動式教學法的建議：在假日時找些給孩子或親子之間可以一起做的事情。我認為要是學區内沒有主動式教學班的話，這樣做也可以給孩子帶來很大的幫助。

很多父母來信寫道：「我的孩子在普通的學校，可是在家裡我應該會……」

在家裡，應該會做什麼？我會教育孩子，會把文化傳授給他們。因為，主動式教學法就是一種傳授文化以及人際溝通的方式。這也正是家庭要扮演的角色。如果是由一位曾經受過這種培訓方式的教師來擔任教育的話也無妨；不過，父母另外所做的一切也都是對孩子有益的，哪怕他們用的方式與老師不同。如果孩子不接受的話就會說：「不要，我不想跟你照這樣方式去學算術，因為……」這很好啊！況且還有其他那麼多可以跟孩子一起做的事情。任何事情都可以用來集中孩子的注意力，練習記憶力：比如七家遊戲（Jeu des 7 familles）[1]，樂透遊戲（Jeu de loto）[2]，一些可以講述並加上插畫的故事……有這麼多能夠培養孩子能力與智力的遊戲，這些遊戲並不需要被納入學校的課程！這才是過生活。

無論在家裡還是在學校，當環境愉悅時，孩子就會快樂。如果孩子的學校是個不快樂的地方，那麼至少在家裡，可以試著讓生活歡樂起來。同時也可以趁此機會與孩子做一些練習注意力與記憶力的遊戲，相互提問、嘻笑逗樂、胡謅八扯……總之，就是全家一起放鬆。孩子需要大量放鬆的時間。

然而相反的是，現今的學校，學生人數很多。沒有受過主動式教育法培訓的教師只好逼著學生遵守紀律——我非常震驚學童必須服從這樣的約束，變得消沉，總是被迫處於被動。我希望父母們不要追求完美主義，而是去尋求理解主動式的教學法，共同努力，才能逐步改變學校的精神。還有，父母千萬不要在學校之外再額外安排課程或功課。看到父母一再加重孩子的負擔，真是可怕！孩子晚上放學回家還要做作業，我覺得這太可怕了。有一段時間，至少到國一曾明文禁止給孩子出家庭作業。後來，因為父母想要孩子有作業，這個政策就被取消了。真是令人遺憾。

仍然是關於主動式教學法，這裡有一封來信提出了與前面相反的例子。也就是說主動式教學班的孩子，在家裡會聽到父母批評其他的教育模式；後來由於搬家或調職等原因轉到另一所傳統教學的學校，這些孩子當然還記得多年來聽過父母親批判這類學校很荒誕。

是的，家長會說常規教學法不如主動式教學法好等等。

正是！而且很多時候，這些孩子會有問題。

因為新家那邊沒有類似弗雷內主動式教學法的學校，這些孩子只好進入傳統教學體系，一開始當然會遇到適應困難的問題。尤其是，他們內心會有一種——怎麼說呢？——矛盾。也就是說，孩子曾經堅信不疑的事——父母認為的真理——和父母現在為了讓孩子能繼續讀書而只能屈從的另一個真相，上述兩者之間是矛盾的。於是孩子陷入了迷惘，不知道該如何尊重並喜歡自己的老師，因為老師應用的教學法與父母的教學理念是相違背的。由此看來，寫這封信的父母本身很懂教學。

是啊，於是這些孩子就會變得脾氣差又好生氣……

是大人的想法不夠清楚。因為在成長的過程中，父母不要是孩子的唯一的成年人榜樣才好。這封信裡的家庭案例，大女兒只能進入一所傳統教學的學校，而弟妹卻可以繼續上他們搬家之前所熟悉的主動式教學法的學校。這個女孩所經歷的困難一方面是不適應，另一方面，我還可以告訴這位母親，女兒遇到的是另一種類型的困難，就是女兒正處在前青春期階段……這個時期的孩子大都在國中一、二年級，[3] 這兩個年級對孩子來講本來就相當困難；因為，需要適應新的學習方式、新的教師類型。更何況，對於信裡的這個案例來說，就連教學法都徹底改變了，不是嗎？無論如何，所有孩子到了前青春期階段，都會經歷一種我只能用「伸縮帽」(chapeau-claque)[4] 來描述的現象——孩子這時的心理造成「伸縮帽」現象：從六歲到十一、二歲一切順利，發育成長各方面都很好，他們看起來安穩，能夠適應社會，一切似乎都循序漸進……然而，突然青春期前期到來，他們會出現一些障礙，而這些問題其實是重現自己小時候曾經有過的某些毛病。例如我們會看到，某個孩子年幼時有過厭食症的現象——也就是說，嬰兒時期無法喝奶瓶——到了青春期前會突然拒絕吃飯。這沒有關係！應該對孩子說：「哦，我明白，你在做自己小時候就曾經做過的事。表示你馬上就要長大很多，或者是就要發生變化了。」或是當一個男孩突然之間失眠——因為，小時候有過一段失眠的時期——男孩是在重複自己一到三歲時遇過的困難，這種情況會持續六到九個月。必須知道這點，以免把事情看得過於嚴重。

就教學理念來講，如果這位母親很擔心，如果她與丈夫無法讓大女兒接受新學校，或許可以考慮到當地的心理醫療暨教育中心諮詢，來幫助正在經歷發育變化的女兒。或許還是先等他們全家都適應好了新環境再說吧！畢竟搬家擾亂到了所有的人。如果大女兒的問題仍然持續的話，就需要著手進行心理治療。

接下來是一位老師與您說起她的學生。她帶一個國二的班級，孩子來自不同的社會背景，所遇到的困難也非常不一樣。比如在拼寫以及「沒完沒了的」聽寫方面。於是她做了一次實驗：第一個學期，她取消分數制度，企圖淡化問題。「每次聽寫後，我不再要求孩子請父母在聽寫本上簽名——這有什麼用呢？這樣就能保證孩子下一次錯誤會減少嗎？我反而是會跟孩子們試著一起反省：例如大家是否都明白我所解釋的內容，或者為什麼他們沒有想到動詞的一致性等等。沒有人需要得到什麼分數。總是有幾位學生非要有分數，我就讓他們給自己打分。從整個班級來看，結果很有意義：許多原來成績『差』的孩子，有了很可觀的進步。再來就是，這樣的做法讓他們放鬆下來，也對自己的能力有了信心。」

這非常耐人尋味。

她向您提出兩個具體的問題：「在我的班上，有些學生比其他同學遭遇到更多的困難。舉個例子，最近有一個女生剛開學時失去了親人，還有一個男孩因為長得比十三、十四歲的同齡國中二年級學生塊頭大，而成了同學之間經常嘲弄的對象……」

……應該是出於嫉妒吧。

沒錯，但是這會打擊到孩子的精神狀態。

的確是。

這位老師繼續寫道：「在班上，我會比較照顧這個女孩，可是我發現她卻有退化的現象。我像母親一樣呵護她，結果讓她有點把自己封閉在這樣方便的舒適圈裡，成績反而更糟了。至於那個男孩，我倒是沒有怎麼幫助他。我三十五歲，他十四歲，我不希望他逃避到一種誘惑異性的企圖中。對某些學生關注得比較多的時候，也要避免引起曖昧。也許實際上，老師不應該介入這類的問題。您是否覺得大人不要插手這些問題，而是讓孩子彼此解決就好了呢？」

這些孩子在生活中的性格變化可以與他們整個學校生活中所發生的事情一樣來看待：老師讓孩子們一起來尋找在拼寫、算數上遇到困難的原因，讓他們互相幫助，針對錯誤來找出正確答案，同時讓他們給自己打分數。這麼做，她已經在教室裡建立起了一種團體交流的形式。因此當有孩子遇到了困難，而周圍的人也察覺到了的時候——就像這個男孩和這個喪親的女孩——實際上，就應該由老師來協助他們渡過社會生活的考驗。

也可以請其他的同學幫忙，跟他們說：「你們的同學因為這件事碰到了一些困難。我們要不要一起討論一下？」然後，利用課間休息的時間或者是在規定的百分之十的課餘活動時間[5]來談一談。這是很重要的，因為這樣做就是將心理學的原理，應用在團體以及共同的生活中。老師可以召集班上所有的同學談一談——我認為，必須要有成人在場——這樣可以幫助孩子用語言表達自己對事情的看法。例如可以一起探討為何這個比其他同學強壯的男孩會變成大家嘲弄的對象（其實，所有被邊緣化的孩子都不自在：或者會不自覺地趾高氣昂，或者會讓他們因為意識到自己的發育變化而感到害羞）。所有孩子都會取笑前青春期肥胖的問題，就很值得團體討論：「你們為什麼要取笑他？目前，這個男孩就是這個樣子。你們說他太貪吃，可是誰也不知道，也許有其他的原因呢？你們怎麼不相互幫助呢？生活中應該要互相幫助的。」我認為，在這樣一種互助關係中，身為團體裡一員的老師，可以避免掉對某些學生有特殊待遇，就能夠既不讓案例中的女孩成績退步、也不會讓男孩在腦海中萌生「她比較喜歡我」諸如此類的念頭。總而言之，老師在班上應該告訴學生：「你們要互相幫助。」這樣一來，孩子的性格問題就會像解決學習問題一樣得到解決。

1 譯註：七家遊戲（Jeu des 7 familles），一種簡單的紙牌遊戲，訓練記憶力和觀察力。使用42張特殊紙牌，分為七個家庭，每個家庭有六張牌，包括六個成員，即爺爺、奶奶、爸爸、媽媽、兒子、女兒。遊戲的目的是，盡可能組合最多的家庭。遊戲規則：一開始每個參與遊戲的人手中有六張牌，每人輪流任意向其他一人說明自己想要的一個家庭的成員牌，例如：「在馬丁家族中，我要女兒。」如果對方有這張牌，就必須給他。成功要到牌以後，可以繼續向同一人或者另外的人要牌，否則就抽一張牌。玩家一旦收集到一個完整的家庭，就會把它放在自己面前。

2 譯註：樂透遊戲（Jeu de loto）是一種類似彩票的遊戲。開始遊戲時，每位參與者必須獲得相同數量的樂透卡（通常每人三張）。每張樂透卡上分三行九格，零散羅列著十五個從1到90之間的數字。另外備有一個袋子（或箱子）裝著編號從1到90的球，隨機抽取一個號碼球，並宣布號碼。如果樂透卡上有被報的數字就在上面放一個籌碼牌。繼續隨機抽取另外的號碼球。第一個用籌碼牌占滿樂透卡的人就是贏家。

3 譯註：這裡指的是法國的學制，相當於台灣的小學六年級、國中一年級。法國學制是國小五年，國中四年，高中三年。

4 譯註：「伸縮帽」（chapeau-claque），非常類似傳統圓柱形小帽檐的黑色高禮帽。魔術師常見的表演段子，利用伸縮帽可以壓縮，然後一拍手又能將其恢復原狀。

5 譯註：自一九七〇年年初開始，法國規定中學要騰出百分之十的時間給學生做社會實踐、文化活動以及多學科的活動。

14 他們也有能夠勝任的事情——談身心障礙兒童

我們來討論一個重要的主題，到目前為止幾乎沒有談過。一個十一歲的唐氏症孩子的母親寫信請您談談身心障礙兒童：「我們仍然有一些人持續堅持著一場十分艱難的抗爭，要讓這些孩子能夠被所有的人以及社會接受。」

這是一個相當廣泛的問題：因為根據不同的情況，可分為身體上看不出有明顯缺陷而卻有心理障礙或社交障礙的孩子，以及明顯可見有身體缺陷的孩子，比如唐氏症兒童。[1] 我們不能將後者與生理上完全健康的殘障兒童做比較。

先從唐氏症兒童說起吧：他們有一個共同點，就是很少有攻擊性。不過，他們充滿愛心並且對自己與他人（父母、其他的孩子等）的關係有非常細膩的敏感度。如果周圍的人不愛他們，他們會比其他的人更傷心，因為他們不像其他的孩子，從三歲起就可以在家庭之外（比如，在學校），透過發現友誼等親密關係尋得補償。唐氏症小孩對自己的父母更敏感，比別的孩子需要花更長的時間才交得到朋友。他們的父母、兄弟姊妹以及祖父母、外祖父母一直都會是他們敏感特質的中樞。然而可惜的是，父母在經歷了一個唐氏症兒童的出生所帶來的衝擊和考驗後，並不是都能夠發現這些孩子心靈的珍寶，即孩子的高度敏感特質以及能夠包容甚至寬恕的強大能力。面對父母的暴怒，只要父母向他們解釋：「我向你道歉，我一時太過激動對你不耐煩。但是我知道你一直很努力，卻因為自己先天的缺陷，沒有辦法做得跟兄弟姊妹一樣好。可是我這麼愛你，你不要傷心。」唐氏症的孩子一旦受到傷害就會極度地傷心，從而懷疑這些自己心目中最親的人，應該盡快以溫柔來彌補可能對他造成的創傷。這就是關於唐氏症兒童我可以說的。

另外，關於其他的身心障礙兒童，他們也有能夠勝任的事情。有些自我封閉的孩子有著驚人的智力，以及我稱之為「立即的感受力」（例如，聽覺、觸覺、視覺、美感或味覺）。父母親對於所有有社交心理障礙卻沒有身體殘疾的孩子，都應該去發掘孩子最注意自己的哪一種感官。只要孩子能被引導去運用自己最敏銳的感官，並鼓勵孩子說出自己能夠察覺到的不同的地方，將促進交流以及理解的默契。比如說，如果孩子敏銳的感官是嗅覺，就讓他聞各種不同的香水、氣味。如果孩子味覺敏感，就多給他品嚐並且使用語言來描述不同味道的料理。父母親需要表現得很寬容：例如當一個孩子有敏銳的味覺時，應該尊重他的選擇，讓他自己去搭配食物。再比如說，當視覺敏銳的孩子，突然出神凝視著某些畫作、色彩或風景時，父母可以趁機與他建立默契：「你看得好投入啊！我知道你可能對這個感興趣。」父母要表現出對孩子凝視的東西和專注的地方也感興趣。透過這樣的方式，父母便可以發掘孩子聰慧的地方。

某些有心理社交缺陷的孩子因為無法安靜地待在原地，到處爬上爬下、做鬼臉等，令人受不了。他們之所以被稱作性格不穩定的孩子，正是因為還沒有找到令自己感興趣的事情。這類孩子往往是運動機能很強的孩子；也就是說，他們有運動機能的智力，也就是身體的智力。對於這樣的孩子，父母太常會斥責、限制、禁閉和懲罰他們。然而，如果父親發明一些技巧性的遊戲，攀爬設備等，讓孩子玩訓練平衡感的遊戲，孩子會因為自己的勇敢無畏被讚賞而感到非常快樂。還有對於在學校裡有學習障礙、語言障礙的孩子，為什麼不試著讓他們學舞蹈呢？這當然不意味著不跟孩子說話。不應該做的是，一直試圖校準這些孩子；然而遺憾的是，許多家長都會這麼做。您知道愛因斯坦一直到九歲，還被所有的人認為是低能兒嗎？

不知道。但是，我知道他的學校成績很糟糕，老師們都對他的前途很不樂觀。

愛因斯坦曾經是學習與智能方面的低能兒。他從不聽課，總是心不在焉，動作也不靈活。他的父母則說：「那又怎麼樣？他個性很好。」他們認為將來總是可以找到工作的，像是可以到一位商人朋友那裡搬運布料。他們很愛兒子。誰都料想不到，九歲後，在學校裡這孩子突然表現出思維和數學方面的智慧。然而，一直到他二十歲，「儘管」他有這種智慧或者是「由於」他的這種智慧，他在學業上總是挫敗。

很多所謂的身心障礙兒童，後來成為了音樂家或是畫家等等。每個人都擁有智慧，身心障礙兒童也包括在內。我們應該愛孩子本來的樣子，幫他們保持自信，過得幸福、快樂並合群，也應該一天天地支持他們的興趣。這樣他們才會徹底發揮自己的潛能。

一位三十多歲的太太和她三十三歲的丈夫很煩惱他們九歲半的獨生女兒：女兒出生時患斜視

症，後來接受手術，卻失去了一隻眼睛的視力。孩子五歲的時候，小學女校長說她很叛逆，兒科醫生則說她很容易生氣，可是在家裡她跟父母卻相處得很好。母親寫道：「如果所有易怒的孩子都像我女兒一樣隨和的話，再教育起來一定不難。」醫生建議父母讓女兒接受心理治療——就像您常常建議的那樣。經過九十次治療之後，父母主動中止療程。據母親說，原因是小女孩被候診室裡其他孩子的狀態嚇到了。之後父母帶女兒去看過幾次語言治療師，因為她的語言能力發展遲緩。後來，她上的私立學校關閉了，她就轉到另外一所學校，學習雖有進步但相當緩慢。在家裡，一切都好。她今年上小學三年級，問題發生在學校規定的身體檢查時——醫生說應該送她去IMP。[2]

也就是兒童教學醫療學校。

正是！這次體檢的時候女校長也在場，她跟醫生詳盡解釋了女孩的情況，展示孩子就醫檔案裡的心理治療紀錄，並且聲明不希望學校裡有這樣的學生，女孩的安身之處應該是在兒童教學醫療學校。校長和醫生的態度讓父母憤恨難平。今年和去年教過女孩的導師在被諮詢的時候，都抗議醫生與校長的決定並提出異議說：這個女孩是有進步的，雖然緩慢但持續，也可以跟得上課程進度，因此這個決定完全是不公平的。這位母親還說她曾經聽過女校長跟別的家長說他們的孩子是

低能兒——「她憑什麼說這樣的話?!」母親接著解釋說這位校長想維持學校的良好品牌形象，一間所有學生成績都很好的學校（女校長會說過：「成績不可以不好。」）

唉！這種情形！真是令人遺憾！

後來父母找到一位心理醫生「測試」女兒，結論是她完全可以正常上課。現在該怎麼辦才好呢？

我完全不知道該怎麼做。現在，兒科校醫的判斷像法令一樣被遵行。一般來說，家長只好服從這種在校長以及校長影響下的醫生所做的武斷決定。首先，我認為老師的意見應該勝過女校長的意見。其次，我希望所有的孩子無論成長能力的差異都能混合在一起上同一所學校。無論他們進步速度的快慢，在學校裡他們都需要和其他的孩子在一起；就像生活中發展水平各異的人相聚，參與國家各項活動進行社會連結。

所以，我想不通為什麼這個沒有給老師帶來太多麻煩的女孩，卻必須被放到另外一個教育機構……母親在信中沒有提到自己的獨生女兒有沒有交到一些小朋友，社交生活是否豐富——或許正是這個只跟父母兩人生活的小女孩稍微欠缺的地方。也或許是，這個女孩很敏感，能夠感受到校長怨懟自己的成績不能滿足她的期待。並且，偶爾會對這位校長不很友好也不禮貌。這是可能會發生的狀況。不過奇怪的是，校醫說她有人格障礙，可是女孩卻從來都沒有在教室和家裡表現出來，唯有對女校長才展現出這一面。總之，這個女孩起初一定被自己的視力問題困擾過——一個患斜視症的孩子總是不自在的，因為有時候會被別的孩子嫌棄。可是自從手術以後，她就只剩一隻眼睛失明的問題。而只有一隻眼睛也是完全可以聽課的。也許一開始會有點延緩學習速度，可是老師既然都說這個女孩很努力並且持續不斷地進步，同時父母也在協助女兒，我不明白為什麼父母還會如此擔心。

我在想這位母親是不是應該去諮詢精神分析師，讓自己不要把這件事情看得那麼嚴重。因為對於孩子來說，夾在一個討厭自己的校長和一個為此憤恨不平的母親之間，其實很不好。另外，有一些日間的醫療教學機構非常棒，孩子在那裡可以過得很快樂。我也不知道。再說，把女孩留在這樣的學校環境裡也不好：她會一直是校長攻擊的目標，並且會跟老師一樣跟校長起衝突。

母親主要抱怨大家考量了一大堆事情，比如孩子兩、三年前進行的心理治療。

這些及早開始的治療，是能幫助孩子的。但是，我不知道為什麼父母沒有徵求心理治療師的意見就自行中止了，這或許有些可惜。

是因為女孩受不了在候診室裡看到其他的孩子……

這不對。一個孩子是能夠接受看到這些的，就像我們自己因為一些感冒或肋間疼痛等外觀看不出來的病痛去看醫生的時候，也會看到一些殘疾的人。其實是父母帶孩子去諮商中心做治療時，看見比自己孩子病情更嚴重的孩子而受到了驚嚇。或許這位女士曾經在候診室裡接觸身心障礙兒童時感到過焦慮，也或許她沒有幫助女兒去理解：這些孩子的成長發育比自己遲緩；他們依據各自的病情等級也受到女兒主治醫師不同的治療與幫助……很重要的是，父母應該知道，看到其他孩子生病對孩子不會有任何傷害，而是會引起他們的關注。他們喜歡討論這類事情，也喜歡父母說起這類話題。

所以我在想，這位焦慮的母親也許應該去找精神分析師談談，來了解如何才更能夠幫助到女兒，不要總是替女兒出頭，不要太幫女兒做功課。反之，要協助女兒快樂地成長：節慶假日時，安排女兒參加兒童工作坊的團體活動，不要讓女兒像獨生子女那樣只生活在父親與母親之間。這才最能幫助女孩目前可能已有的社交困難。關於這個案例我只能講這些了。

有個患弱視的八歲男孩的父母給我們來信……

這是一種影響視力的疾病，也就是說男孩看不清楚。

……他還患有半身麻痺（Hémiplégie）[3]。（在這個家裡，還有一個六歲的女兒我們暫且不談，因為她沒有任何殘障。）父母想見證社會，尤其是教育系統針對身心障礙兒童——很多人更傾向於稱他們為「跟別人不一樣的」孩子——缺乏包容的態度。他們面臨的問題是，要嘛把兒子送去一個離他們居住的地方有兩百多公里的特殊教育機構，要嘛就像他們最後決定把他留在家裡上「正規」學校。結果這個男孩浪費了很多時間。「我真正想討論的問題是，在大家的觀念中，是否能夠接受這些與其他孩子不一樣的兒童：承認他們有權利與別的孩子不一樣。我們的教育體系是以某種標準制定出來的，生理障礙、心理障礙或其他障礙的孩子，只要不符合這個正常標準，便很難被接納。他們被視為麻煩，他們被排斥在外。」

這最主要是城市裡才有的問題，這些孩子在鄉下反而能完全被接受。這是隨著人口增長而出現的問題，也反映了當今社會把孩子「規格化」的趨勢。然而，每個孩子的成長都不一樣。究竟什麼是所謂的「正常」？是指每個班級中最普通的孩子所構成的那個核心部分嗎？所有的孩子都應該像那樣嗎？不可以！寫信的這對父母是對的。

我們還收到了一些令人心碎的來信，描述了在街上、在健康檢查時、在醫院等地方遇見的陌生人，他們面對身心障礙兒童時的反應，真是太可怕了。我們必須明白這意味著什麼。對於大人們來說，這是一種焦慮現象。在面對這些孩子時，成人總是不知所措，他們會預設這些孩子的反應跟別的孩子不一樣。因此成人會很迷茫，覺得自己愚蠢，而這樣的情況會使他們焦慮。

還有一些情況，身心障礙兒童的父母也應該要理解——有些父母不幸失去了一個健康的孩子，並在心裡留下了巨大的創傷。當他們看到一個殘疾的孩子時，會聯想到自己的孩子：「只要當年他能活下來，就算因為重病或事故而殘疾都沒關係！」抑或會不由自主地想：「我的孩子漂亮又健康卻過世了，而這個孩子卻活下來，為什麼會這樣？」

還要了解的是，對孩子來說，當他們抵制一個和自己發育不一樣或有殘障的孩子的時候，是因為少年之間的友愛會體現為一種認同對方的欲望。他們之所以抵制身心障礙兒童，是因為不能將其視為榜樣。這不是有意識的感受，而是一種無意識的謹慎。如同一種自發的鄙視，「教育」應當要改變這樣的態度。

總而言之，大人與孩子一樣，都寧願忽視身心障礙兒童？

是啊，很可悲。大人仍然以幼稚的態度對待身心障礙兒童，甚至會對他們開些有點惡毒的玩笑。[4]

果然，我們收到了一位五歲女孩母親的來信，就證明了這一點。小女孩罹患弱視，同時有輕度的運動機能殘障。有一次她帶孩子到醫院看病，小女孩在候診室裡有點吵鬧——五歲的孩子嘛，也挺正常——為了讓孩子降低音量，母親跟她解釋在醫院有病人，不應該打擾他們等等。這時候，旁邊一位有點上了年紀的太太，用非常輕蔑的口氣對著丈夫大聲講話，顯然想讓大家都聽見：「為什麼要解釋呢？沒用的，這孩子不正常！」母親當然愣住了。只聽見女孩小聲地問媽媽：「這位太太為什麼這麼說呢？她想說什麼呀？」

這讓我想請教您一個來信中常出現的問題：是否應該告訴孩子他的身體有殘障呢？

是的，而且要盡早說。父母一旦發現孩子的發育成長與別的孩子有所不同或者有殘疾的時候，就應該立即跟孩子說。例如，殘障是由於疾病或事故引起的：「你小的時候身體發育本來很好，後來發生了一件事……」可以用一些容易懂的、有畫面的比喻。例如一棵樹在暴風雨裡被雷擊中的畫面：「你看，它只剩下兩、三根樹枝，而周圍的樹都有很多枝椏。但是，它會繼續生長的，生命也會繼續。它會慢慢地痊癒，也許只有一部分而不是整棵樹都能重新長好。可是你看啊，它仍然是一棵生氣勃勃的樹。」應該用這一類的畫面做比喻。也一定要毫無隱瞞地對孩子說出他的狀況，然後問孩子：「你認為呢？你覺得自己會如何成長呢？」引導孩子，解釋怎麼看待自己與其他孩子不同的狀況。這一點是身心障礙兒童的父母很少會顧及的。他們想到的，主要是如何讓孩子適應或重新適應生活，他們全心全意地尋求確保不讓孩子太受苦：因為他們把自己的痛苦投射到了孩子的身上。然而，如果父母能夠問孩子：「你對於自己跟別人不一樣這件事，有什麼想法？你認為同學們會怎麼想呢？」孩子會很高興。只要孩子了解自己的困難，並且能夠講出來，他會進步的比父母想像得更快。然後，孩子就可以跟同學說：「我爸爸跟我解釋過了，我和你不一樣，因為……」這樣他就可以結交朋友，並接受自己的缺陷。否則，這些孩子會明顯地感覺到大家從來不詢問他們的意見，而且對他們的要求總比對別人低。透過我治療過的孩子的案例，我知道這一點讓他們非常震驚並記憶深刻。我見過一些孩子，因為大家一直瞞著他們殘疾的事實，造成他們的困擾；但困擾他們的不是父母認為的那樣——自己的殘疾，而是沒有人跟他們說過。

另一方面，「正常」孩子的父母也應該協助自己的孩子去包容其他有疾病或身心障礙的孩子，跟他們說：「這原本也可能發生在你的身上。他是個孩子。他喜歡你，也熱愛生命。你要幫助他！」應該讓孩子之間互助團結。

我為這所有的一切感到遺憾，就像我曾經說過的，身心障礙兒童被隔離到不同的學校，而不是在普通學校的特殊班級裡上課——教導孩子們寬容地面對所有殘疾的人以及不同於自己的人。每個人都應該保持對自己的信心，並且也能與其他不同於自己的人溝通。互助很重要。孩子之間的互助與溝通，應該是小學教育大綱中最基本的原則。在此原則下，學校裡的大人，無論什麼職位、什麼職務的教師、行政人員、工友等，都應該做出榜樣，因為他們選擇了致力於培養兒童公民的教育事業。然而，在我們國家的校園裡，大人之間的溝通與互助似乎也是一個難以解決的問題，每個人都按照自己的工作時間、薪資與職位上、下班，頂多各做各的事，忽視同事的存在。大人的行為舉止比他們對孩子說的話更有教育作用。當一種針對身心障礙兒童的隔離制度以「特別輔導」為藉口被制定出來，且呈現出越來越低齡化的趨勢時，教育體系讓孩子們以為，身心障礙兒童隔離政策是合理的。健康孩子的父母便不會去糾正自己心中對待身心障礙兒童的那份近乎種族歧視的成見。

這裡我們來看一位父親關於身心障礙兒童的見證：「我有兩個兒子，分別是二十二歲和二十四歲。老二出生的時候患有唇顎裂。當他還是嬰兒的時候，我妻子很耐心地照料他。他當然無法吸奶，所以只能用湯匙餵食。他分別在六個月大、十個月大和一歲半的時候動了幾次手術。他五歲的時候說話含糊不清：我們能了解他說的話；但不習慣聽他說話的人是聽不懂的。他在巴黎接受過語音矯正治療，後來跟隨一位私人語音治療師繼續學習。六歲上市立學校時，他每一門科目都是零分，總是被罰站在教室角落。最後我們在巴黎給他找了一所小型的私立學校，他學會了閱讀和寫字。他在這所學校待了兩年，直到學校不再適合他又離開了。不過他之後都是待在學生人數較少的班級，一班大約只有十五個學生，同時他進步非常多。而最重要的是，我和妻子對兒子悉心照顧。」

以上這封來信，實際上是說給身心障礙兒童的父母親聽的。

對，這封來信非常引人深思。

「他喜歡音樂，尤其是民間音樂。九歲的時候，我們幫他報名上音樂課，看著他真的是樂在其中。他學會拉手風琴。三年以來，他與自己組成的樂團在舞會上演奏，而且他自己還會作曲。另外是他念完國中就輟學了，儘管沒有獲得任何文憑，但他有能力自己生活，他會寫信，還跟其他的藝術家書信來往。」

「為了支應孩子龐大的開銷，我的妻子也要上班賺錢。由於我們都只能休假一個月，因此各自輪流帶孩子去度假一個月，以便讓他們能夠享有兩個月的戶外假期。如你所見，我們是多麼地盡心盡力，但結果很值得。」

「這孩子原來被學校和醫生們視為不可救藥了。拯救他的是，他在小型私立學校裡找到的愛與理解。有沒有可能在每個行政區裡都建立幾所採取小班教學的學校呢？」

這是一封感人的來信。的確，要是每個社區都有專為學習困難的孩子所設立的小班教學學校，那就太好了。（目前，主要是針對患有某些缺陷的孩子——譬如視力或聽力不健全——的學校。然而，實際上並沒有綜合型的身心障礙學校，倒是有些特殊培訓班，會集中一些不同年齡階段的孩子。其中有些辦得很出色，這取決於學校對教師的招聘策略。）小班教學可以讓每個學生按照自己需要的方式學習，有時還可以像信中男孩那樣，有稱職的老師給予的很多關愛，並且讓父母了解如何照顧好自己的孩子。[5]

這封信中有一段我覺得很重要，就是父母敘述自己怎麼發現兒子音樂天賦的那一段。當孩子跟不上學校進度的時候，就應該去發掘讓他感興趣的事情，比如舞蹈、手工、繪畫、機械、烹飪等等，並且像這對父母那樣，提供條件讓孩子認真地去做他們喜歡的事。因為這個男孩的未來是音樂，他從九歲起就被鼓勵為此做好準備。尤其對於有學習困難的孩子來說，與其犧牲所有的時間把書讀好，之後卻從事一份自己不感興趣的工作，更重要的是，在一個自己真正熱愛的領域裡找到謀生之道。

最後關於身心障礙兒童這個主題，這裡有一封信抗議您曾經給一位因身體瘦弱而常被同學嘲笑的男生所做的回覆[6]：「您把我氣得跳腳，我寧願聽到您建議他去反抗，跟他解釋說他和別人一樣有權受到尊重和尊敬。他的反抗也許會讓同學思考一下自己本來也有可能罹患一樣的疾病，經歷和他一樣的境況。可是您沒有建議他反抗，而是提議他遠離人群，繼續寫短篇小說，總之，

您建議他培養自己的敏感特質而不是攻擊性。我有一位重度失聰的長兄，十二歲的時候曾經遭遇過一些困難：他當時在一所『常規』中學，回到家裡總是抱怨同學們嘲弄他。父母告訴他：『強硬起來，不要任由別人欺負。』而他做到了。」她的結論是：「身心障礙者在生活中無須低聲下氣。是時候讓大家意識到這一點了。」

我認為這兩種情況是不一樣的：我當時說的那個男孩，有個兒童的身體和女性的嗓音——以至於大家都叫他「小姐」，同學這種輕蔑的態度使他備感痛苦。我想他要是用那樣的嗓音發出抗議的話，只會讓別人嘲笑得更厲害；畢竟，還是需要武器才能戰鬥。這位女聽衆的哥哥當年或許人高馬大，可以揍別人一頓。因為耳聾並不意味著身體弱小。這兩個男孩的缺陷是不一樣的。我也不知道，但是如果當年給我寫信的那位男孩今天能讀到這個案例的話，可以從中受益。也許這是當時他應該聽到的建議。

另外，很奇怪我當時的回答能引起這麼多的反思。事實上，我們收到了其他來信回應了這個問題，尤其是一位有好幾個孩子的母親的案例，她最小的孩子似乎也是個邊緣化的人。像前面提到的男孩一樣，他從小在學校的成績就很好，但身體弱小，極其敏感，同學們對他的嘲弄會引發身心的痛苦反應。他的手和腳會腫脹起來，這時候幾乎無法握筆寫字。儘管他對自己與學業充滿自信，他還是很痛苦。到了十五歲左右，他就告訴父母自己再也無法忍受當衆人的受氣包了（當時他尚未變聲，他的變聲期來得晚；但是，現在他的聲音已經跟大部分的男孩一樣了）。他央求父母把他送到英國的寄宿高中，可能是透過度假時認識的朋友，讓他了解到英國學校更尊重每個學生的個性。他的父母並不富裕，而且老師們把很多希望寄托在這個優秀的學生身上，認為中斷在法國的學業簡直是荒唐。於是，出於對父母的愛以及對自己負責，他同意留在眼前這種相當悲慘的條件下再讀一年（高二）。可是父母看他愈發萎靡不振，聽著他說：「我不知道自己有沒有勇氣撐到最後。」最終，儘管付出了巨大的經濟代價，父母還是送他去英國了，這個決定讓他大獲全勝。在英國接受英語課程之餘，他還隻身到倫敦參加並通過了法國的高中會考。這是個有能力解決問題的年輕人，在經過深思熟慮後，按照自己在十五歲半時下的決定，找到了屬於自己的人生方向。儘管，相對於法國人來說，他的成功有些邊緣化，但他獲得了珍貴的經驗：能夠在不受他人嘲弄與妒忌（對這個長得不一樣卻很出色的同學的嫉妒心）的情況下成長與發展。這位母親在來信的結尾寫道：「我想我會和您一樣回答：讓這個男孩讀函授課程，堅持繼續走在熱愛文學的道路。說不定這就是一份志業的開端呢？」

你們看，這是兩封有些矛盾的信。有時候很難回答。我是憑直覺來回答，但我很高興聽到別人不同的想法以及不同的解決方式。每個人都可以選擇最適合自己的方式。

---

1 譯註：即唐氏症候群，又稱先天愚型或21三體綜合症，是一種由於染色體異常而導致的疾病。60％患兒在胎內早期即流產，存活者有明顯智力落後低下、面容特殊、生長發育障礙或伴有其他畸形的特徵。

2 譯註：IMP指的是法國教學醫療學校（institut médico-pédagogique，縮寫為IMP），後來改稱特殊教育教學部門（Les sections d'éducation et d'enseignement spécialisé），專為三到十四歲的身心障礙兒童或青少年所設置的復健暨教學（特殊教育）研究中心。

3 譯註：半身麻痺（Hémiplégie）又叫半身不遂，是指由於中樞神經系統（即大腦和脊髓）受損而導致的身體右側或左側癱瘓。

4 這可能跟無意識中存在的「魔法信念」（la pensée magique）認知偏差有關（譯註：即堅信一廂情願的事情會發生，像是不接近殘障的人自己就不會罹患殘疾等等），或者是內心中潛藏的施虐癖認為「弱者該死」。

5 小班制固然可取，但是家庭生活、社交與休閒生活應該跟大家在一起。這並不等於將被稱作「會干擾其他孩子學習」的低能兒、身心障礙孩童和問題少年等，從開放給其他人的公立或私立學校裡隔離出來。

6 見第二冊《又見星期三的來信》（參閱《孩子有話，不跟你說》313-315頁）。

15 學業出色並不表示是天才——談均衡發展

我們收到不少的來信，談到關於「天才」兒童的主題。首先是一位女聽眾的來信，描述自己兒子的成長之路（他現在二十二歲，這位母親對過去稍作了回顧）：「兒子七個月大就會走路了，真是太棒、太不可思議了。三個月大的時候，就開始像所有的孩子一樣牙牙學語了。他還會思考並且觀察，確認發出聲音的是自己，然後重新發聲。他出生後很快就能夠看見東西了；才十天我們就無法讓他面對牆壁，因為他想看著房間裡發生的事情。」我不知道這是否就是天才兒童的定義。總之，這位女士是這麼認為的：「父母親應該要知道辨別出這樣的孩子，而不要把他們當作是脾氣古怪或不適應的孩子。如果我們不理解孩子的話，就會覺得孩子的行為很像後者。或許有時候老師也不知道如何調整自己的教育方式，來適應這些與眾不同的孩子。」

我們收到的另一封來信，說的是一個男孩在十一歲的時候每個月能閱讀十二本書，我認為這樣的閱讀量還真是很可觀！父母對這個孩子的身體發育及智力發育之間的差異感到非常驚訝。此外，他從六歲進小學一年級起就為毫無病因的頭疼所苦。他是個非常優秀的學生；可是母親卻說他字寫得非常糟糕，他也因為這樣很痛苦。

不是這樣的！（這位母親寄給我們一份兒子的作業）男孩字寫得並不太糟，只是有點笨拙而已。從字跡上看來，這是個很焦躁的孩子。既然他有天分，有文學天賦，喜歡安靜、又認真地學習，我認為，如果盡早讓孩子學會用打字機的話，對他會有幫助。對於可以教孩子用打字機書寫這件事，父母們所知不足。要是老師拒收用打字機完成的作業，也沒關係！老師們這樣其實錯了，因為學會使用打字機，對於一個十一、二歲的孩子來說，是很棒的教育。

這項技能對以後會是有用的。

是的，甚至有些美國的學校禁止學生繳交手寫的作業，而是要求作業必須用打字機完成。這很明智！重點不是在禁止繳交手寫作業，而是讓大家既可以交用打字機完成的作業，也可以交手寫作業。因為學會使用打字機能終生受益。

另一方面——我接著把信唸完——這個孩子在班上很難交到朋友，他覺得班上同學很笨；他允許弟弟到自己的房裡一起玩遊戲，可是卻拒絕妹妹，還罵她是「臭蟲」。晚上他會去擁抱母親，但是對父親不會這樣。這位母親註明父親曾經經常不在家，孩子們對此很難過。不過現在好一點了。

這兩封信提出的問題，總體上都是在講天才兒童。

是的。要知道所謂的天才兒童的問題在其他的國家，尤其是在英國，已經開始處理了，甚至創立了天才兒童的學校；在我看來（也是許多人的觀點），這些學校簡直是災難，就像是對所有「與眾不同」的孩子進行隔離一樣。

在法國，這個問題也開始受到認真關注，我們知道從五、六歲起，就可以通過測試，尤其是韋氏智力測驗（Wichs），來發現孩子的天賦。這項測試不僅僅著重在學業成績上：若沒有對特定學科抱持強大的好奇心，也沒有興趣去發展自己並且具備創造力，而只是學業成績出色，並不表示是天才。解讀韋氏智力測驗時，如果智商測試的分數在一四〇上下，就說明這個孩子比一般孩子有天賦。

也就是說，一個人可以有很高的智商，但是在其他許多領域並不是很有天分？

是的。特別是如果使用的是韋氏智力測驗以外的其他測驗，只專注在測試智商而不並重運動機能、好奇心、創造力等等，被認定為是智商高的那些人便會出現這些情況。當孩子只在學業方面表現出天賦時，幾乎是可惜的，因為這意味著，他們只執著於學習成績優異、贏得第一名，而並非對生活裡的一切充滿好奇，也不想要在某個特定的領域有所發展。

因此，首先，在學業中表現出色的孩子也應該要有其他的休閒活動，或者遇到一些能夠教授孩子特別喜歡的藝術或學科的人（例如歷史、文學等等），也未嘗不可。不過，要讓他跟同齡的孩子一起上課；否則，他就會成為一個孤立的孩子，並且會為此十分痛苦。這跟孩子成熟程度有關。

我們剛才提到的那位十一歲的男孩，在智能與文學方面很有天賦，又很喜歡擁抱自己的母親。嗯，實際上，這個孩子處境危險。與其稱他「天才兒童」，其實他更應該是一個需要被治療的孩子。或許在他小的時候，相對於自己的年齡來說，是「天才」還是「早熟」，我並不清楚。不過通常來說，一個發育過早、九個月或九個半月大就會走路的孩子。他的智力首先是運動能力，其次是語言能力。也就是說，孩子首先很早就會走路，發展肢體以及雙手的靈活度，然後學會說話。他會不斷地打擾他人，在這些情況下也是很煩人的。許多父母會禁止高智商兒童行動和說話，讓孩子變得愚鈍，因為這樣的孩子很累人。這也正是為什麼現在我們試著盡早發現高智商兒童的原因，目的就是為了讓他們有事可做，多與他人接觸，並且讓他們跟自己感興趣的人來往。

也因為這些學習起來毫不費力的孩子們很難對普通學校裡的任何科目感興趣，所以要用其他的事情來激發他們，比如音樂、藝術、創意活動等等。不久以前在法國，有為這類「才華洋溢的年輕人」開辦的藝術休閒俱樂部，叫作「藝術、文學與科學青年愛好者俱樂部」。[1]這些孩子在學校與同齡孩子一起上課之餘，可以在這個地方找到他們渴望的活動，而不是由自己的父母來為他們做選擇——這很重要，因為許多父母會「鞭策」孩子，但是這種方式並不適用於培養天才兒童。

我在這裡所做的一切，都是為了讓孩子在年幼時，就能夠表達流暢、身體敏捷。之後，有些可能會成為天才兒童，有些可能不會。但是，至少不要造成那些天才兒童培育的「失敗」。也就是說，不要讓他們的成長步調受到阻礙，比如大人不要過早訓練孩子使用便盆，並且讓孩子充分地表達自我（無論是語言表達，還是用肢體動作及雙手靈活運用的方式來表達）。然而不幸的是，有些天才兒童的表現反倒像個遲緩的孩子，因為在整個幼年時期，他們的主動性被抑制了，被遺棄在自己孤獨的思考與遊戲裡。有時候，大人還會讓孩子因為自己的獨立意志、自由行動、對知識的渴望，以及不「乖」而內疚。

這正是第一封來信聽眾所說的。

早慧並不表示是天才，也不意味著在成長中一直都會是天才。應該要研究一下這些孩子，協助他們，而不是去妨害他們。在尊重保護孩子個人主動性以及高智商孩子們之間形成的團隊積極性的同時，還應該建立一些可以為他們解惑以及啟發興趣的場所，並且在相關的領域裡配備具有專業技術與知識素質的人員。

還是關於天才兒童的問題，一位女聽眾來信給您說，她女兒目前已經跳了兩級：「我聽您說過反對在學校超前學習，尤其是反對讓孩子跳級。然而，當我女兒八歲時，我覺得自己就像是一隻母雞在孵育一隻鴨子，或者像是一隻母鴨在孵育一隻天鵝，因為她不同尋常地早熟。」我快速地總結一下這封信，這是一個成長進步很快的女孩：六個月大時，她就能獨自從床上爬出來，用手

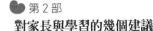

肘一直爬到客廳裡跟大家待在一起。九個月大時，她獨力四腳並用沿著樓梯爬上爬下也不會滾下來。

這真是很少見啊！這個孩子在各方面都有著超凡的生存渴望。

是的。大家卻馬上認定她是一個很不柔和的小女孩，不喜撫觸，很能忍受疼痛，膽子很大，還有攻擊性。她會抓傷那些自己不喜歡的人或是過於靠近她的人，就會出現類似的場景：一位女士俯身靠近女孩，這時母親提醒：「太太您小心，她很野蠻，可能會抓您！」「怎麼可能呢?!她這麼可愛！嘰哩嘰哩嘰哩……」啪！正說著，那隻小手迅如閃電，儘管指甲齊短，還是在女士臉上劃下了一道印記。女士受挫又惱怒，當然怪罪到母親身上。之後，這個孩子很快就有了了不起的模仿能力，以及驚人的記憶力。女孩兩歲半去幼兒園後，老師說：「我們看不了她。」她只用了三個月就學會認字和數數，自從她會閱讀以後，馬上就一本接著一本地狂看書——比如接著要講到關於字典的事……

是啊，甚至讓母親很擔心。

正是。母親寫道：「她開始背誦字典，假期到了才中斷，拯救了我們，也拯救了她。」然後，她想學織毛衣，可是母親覺得她太小了。她因為自己做不到而生氣，於是更發奮，結果還是非常迅速地學會了織毛衣。

就像大家所說的，她是個「志在必得」的孩子。

對課外活動也是一樣，比如騎馬、體操等等。她騎馬很靈活。又比如音樂，她想要學習視唱練耳，[2]別人對她說那太難了，然而上半學期結束時，她就得了鋼琴比賽第四名。

這位母親還講到了祖父和父親對這個孩子的態度。一開始他們並不在意小女孩，他們對這個跟一般孩子不同的小女孩保持著一定的距離。您對這段描述感興趣嗎？

是的，因為父親對其他的孩子，比如大女兒，照顧得滿多的；可是對她呢，父親覺得不能給她太多壓力，否則她會對父親有攻擊性。那些渴望太多的孩子就是這樣：他們不知道怎麼去掌握自己想要的，於是就會變得有點咄咄逼人。父親當時放手讓這個女兒自由而不過度關注她，這麼做完全是對的。祖父也不知道該怎樣對待這樣一個小女孩，因此索性不太過問她。

後來有一天，女孩向祖父提出了一個非常令人驚訝的問題，是關於她讀過的一首洪薩（Pierre de Ronsard）[3]的詩，並且整首都能背下來。她想知道詩中一句舊式法文的表達方式的意思。從那時候起，祖父開始對女孩產生興趣，並且開始跟她交流。

這位母親也非常有智慧，她讓女兒自由自在地生活，這種保護女兒的做法很明智——儘管母親因此受到別人的指責，然而她可以有別的做法嗎？那只會造成女兒性格上的障礙。另外，母親還非常明智地帶女兒去看了一、兩次兒童精神科醫師和心理學家，兩位專家都說孩子完全正常。她只是有很高的智商，超前自己的年齡兩年或兩年半。運動機能與情感發育也都發展均衡。這確實是個與眾不同的孩子。

同時，其他的孩子都很喜歡她。她到處交朋友，所有人都喜歡她。現在她對別的小朋友不再表現得盛氣淩人了。

這是非常重要的。這是一個正常的孩子，就像她母親寫的：「她並不完美，她也有缺點。」此外，母親也沒有把她看作是天才兒童。

來看看這位母親提出的問題：「我們考慮讓孩子上許多補習班、輔導課程等等，可是這些內容並非真正為那些學習超前的孩子而設。我們採取了這種做法，讓孩子跳級兩年。您認為對她會不會不好呢？」

不會。我認為這對父母做得很好，因為孩子還有很多其他的興趣。當孩子展現出在各方面都超前，而不僅僅是在學科智力上超前的情形，就像這個特殊的例子，跳級又有何不可呢？有些孩子就是完全需要過著比自己年齡更大的孩子的生活與教育的節奏，不過前提是他們的成長是均衡發展的。因為我們看到有些孩子在心智成長方面特別出色，卻不會自己穿衣服，只專注在自己的想像世界裡，在現實生活中以及社會上卻完全無法自理。他們在情感方面發育遲緩，而且很黏自己的母親。這樣的孩子當然不是天才兒童，因為他們的成長發展不均衡。天才兒童是具有著豐富個性的孩子，就像我們所說的他什麼都想要，同時能夠自我保護免受由欲望及生活帶來的干擾。遺憾的是，有時候我們讓天才兒童產生心理障礙，想要抑制他們、馴服他們、打壓他們，因為他們已經具備很多的積極主動性。早熟的孩子在運動機能、好奇心、雙手靈活度及欲望方面，會讓大人筋疲力竭。

重要的是，這個孩子沒有在學期中途跳級，因為這是造成困難之處。她五歲時直接進入一年級。後來上完二年級，老師發現她已經什麼都知道了，便對父母說：「她得去上其他的班級，因為下學年的教學內容和二年級的差不多，她會覺得無聊的。」這不是壞事，因為孩子是從符合自己當時興趣的低年級開始學習。相反地，如果孩子在小學最後一年或國二時跳級，會有困難。因為在原來的班級裡已經交了不少朋友，已經習慣這些同學了。不過在這個案例裡，女孩進到的年級，可以真正符合她學習的需求以及快速學習的特點——因為她學得很快，而目前班級的老師不知道如何讓她有事可做。

現在，母親擔心女兒到了某個階段會不會崩潰。我想不會。無論如何，那也不會是可怕的情況，不需要太擔心。如果我們感覺到她在日後的班級裡遭遇到困難或感到難受的話，她也許可以兩年都待在同一個年級裡——或許可以換學校，或是換到另一位老師的班上。不過，我們不能預先得知情況。總之，她有很多其他的興趣，還有很多朋友。她是個全面發展均衡的孩子，在學業方面，她沒有那些被鞭策學習的孩子所面臨的困難。如果只有學業領先，可是其他方面滯留不前，那才是令人擔憂的。不過，這個孩子在我看來是特例。我要恭喜這對父母在女孩表現得如此好勝又獨立的幼年時期，知道如何教養她，沒有妨礙她成長。

1 俱樂部由侯西紐女士（Mme Rossignol）與卡絲蒂庸・杜・貝宏女士（Mme Castillon du Perron）創立，地址是 14bis, rue Mouton-Duvernet, Paris XIV。

2 譯註：視唱練耳（le solfège），是音樂入門基礎課程，內容通常分為聽覺訓練、聽寫和視唱三部分。這類訓練主要任務是發展音樂聽覺，增強音樂記憶力，培養正確的音準和節奏感，從而獲得熟練的讀譜技能及豐富的音樂語彙。

3 譯註：洪薩（Pierre de Ronsard, 1524-1585），文藝復興時代法國著名愛情詩人。一五五二年為心儀的女子寫下著名的十四行詩《愛情》（*Les Amours*），奠定詩人身分。一五七八年的《悼瑪麗》（*Sur la mort de Marie*）與《致愛蓮的十四行詩》（*Sonnets pour Hélène*）兩部詩集，被譽為洪薩最感人的作品。

16 寵溺孫子並非愛孫子——孫輩與祖父母的關係

這是一位父親的來信。他二十六歲，妻子二十八歲，他們有兩個女兒，分別是三歲和兩個半月大。她們的祖父母、外祖父母，還有兩位曾祖母都還健在。然而，問題正出在他們身上。他們對長孫女寵溺得過頭了，尤其是祖母和曾祖母特別溺愛她。一直夢想能有個女兒的祖母，完全被小女孩「牽著鼻子走」，晚上要小女孩來自己床上同睡。曾祖母雖然以前從未有過「母性本能」，現在卻老是要曾孫女陪她睡，陪她上廁所。她會對曾孫女講一些暴力攻擊的故事等。父親認為這些行為歸咎於未解決的性問題……

一定是的。

到目前為止，父母抵制了所有來自家族的壓力。第二個孩子出生時壓力變得更大；當時，曾祖母和祖母為了爭奪照顧三歲的小姊姊的權利幾乎吵到撕裂關係。最終這對父母拒絕把孩子交給她們照顧。

他們做得很對。

這位父親向您提出的問題是，現在女兒也很享受這樣的關係。她不是要找祖母就是要找曾祖母，並且希望去她們家睡覺。於是這兩個女人抱怨為什麼孩子的母親反對。

首先，要絕對禁止讓孩子跟祖母或曾祖母同睡！也不應該再讓孩子去會這樣做的祖母或曾祖母家，並且應該告訴孩子是**父親**禁止這樣的事情。因為根據這封來信的內容，祖母和曾祖母總說是孩子的「媽媽」反對她們把小女孩帶上床，拒絕她們「舔舐」小女孩，不許她們有性雜處的行為等等。這兩個女人行事還像嬰兒一樣！她們認為自己可以為所欲為？也許她們認為，小時候母親不允許她們這麼做，所以現在才會要求做這樣的事情？這我就不知道了。

無論如何，當女孩要求去她們家睡覺的時候，父親就要跟她說：「我不允許妳再到祖母、曾祖母家睡覺，因為她們對妳做的這些事情（父親很清楚，因為女兒跟他講述了發生的事情），等於是把妳當作洋娃娃來玩，並且假裝她們自己只有三歲。我不允許妳和那些把妳當成嬰兒、並且自己表現得像三歲小孩的大人在一起。」應該由父親來負責拒絕。以後要是女孩向祖母和曾祖母告狀說是父親不允許的話，就讓她們責備自己的兒子和孫子吧。父親可以回答：「沒錯，妳們對她的態度就像兩個嬰兒似地。妳們這樣做會害了她。愛孩子不是這樣子的。」就這麼簡單。父親出於對女兒、對自己的母親和祖母還有岳母的親情就應該這麼做。況且在他信中並沒有對她們個人表示反感，他只是被老年人的這種病態行為嚇壞了。

他還提到：「一切都是遂行情緒勒索的藉口。孩子的每個反應都會被詮釋成像這樣的句子：『妳不愛祖母了』、『妳愛祖母』、『我不愛妳了』、『愛誰多一點，愛誰少一點』等等。我認為這是一種很常見的反應方式，然而或許未必會到這樣的程度……」

是的，不過這樣教養孩子也未免太變態了。「要是妳這麼做，我就不再愛妳了。」如果對孩子來說，「被愛」就是受到這樣變態的對待，那還不如不要被愛。孩子一定要知道這點：「如果妳祖母不再愛妳，妳就真是幸運了，因為她愛妳如同厭惡妳一樣：她讓妳活得像個嬰兒，而不是幫助妳成為大人。」

這封信最後提到一點：這對父母因為要搬家，需要找人照顧孩子幾天。孩子一知道，就要求去祖母和曾祖母家裡住。這又有機可乘了。

要是沒有其他的辦法，就出錢把女兒托付給一位已經有兩、三個孩子在照顧的保母。總之，不要再讓這樣的祖父母照顧孩子了。

很好。因此父親要堅持到底。

是的，因為三歲這個年齡階段的孩子太敏感了，不能冒這樣的險。她將來會感謝父母的。

幸虧所有的祖母不是都像這樣。很多祖母和外祖母會教孫子、孫女唱歌，陪他們玩益智遊戲，給他們講故事。在孩子面前舉止端正，教育孩子尊重自己的身體，並且在孩子的面前自重。這封信沉重之處在於，它揭示了孩子怎樣就被帶壞了。

（幾週後）

這封信引起了很多當祖母和外祖母的迴響與抗議。這裡有一封信，可以說概括了所有的來信。不過，首先我們要確認一下您不是「反祖母」的吧？

完全沒有。恰恰相反，我還在一些熟齡的報章刊物發表倡導孩子跟祖父母輩和曾祖父母輩共處的重要性。

這封信就是一位祖母寫來的：「的確，我的孫女們有時候來跟我道早安時會鑽進我的被子裡，要求我給她們唱歌、講故事，爬到我腿上親我，用您的說法就是讓我『舔舐』她們。然而，我向您保證這些行為並沒有讓我覺得自己是個道德敗壞的祖母。您認識自己的祖父母嗎？我少年時期最美好的回憶都來自外婆的溫柔與善良，因為母親很年輕就守寡，必須忙著工作養活我們，那時候我便在外婆身邊找到了安全感。我相信很多祖母外婆和我一樣對您當時的回答感到難過；因為，她們寵愛孫輩時，從未有過像您認為的那種心態。」

關於這封信，我有話要說：「寵溺」孫子並不是愛孫子。

我不僅認識自己的祖母和外祖母，也認識我的一位曾祖母。我們是一個大家庭，我記得就是在祖母和外祖母家學會了很多桌遊，她們從不厭倦陪我們每個孩子玩遊戲、唱歌、在鋼琴上彈一些曲子，讓我們之後可以重複彈唱給父母聽。她們會拿老照片給我們看，跟我們講述她們小時候的情景。其中那位一八六〇年結婚的祖母跟我們講述過自己的婚禮，這些都非常有趣。即使她們給我們糖吃、送我們小玩意兒，還參加我們的活動，然而，她們並沒有寵溺我們；我很感激她們沒有這麼做，而是讓我們腦子裡裝滿了關於家族的故事，以及昔日的生活方式、穿著習慣，還教我們貨幣價值的變化等等。尤其是，給我們唸了那麼多精彩的書，教會我們那麼多的桌遊，而且玩得和我們一樣入迷。偶爾為了贏局，甚至跟我們一樣會作弊……當我們作弊的時候還會哈哈大笑。再來就是，從我們四歲開始便使用有版畫插圖的古籍教我們法國歷史與諺語。

我再重申一遍，重要的不是寵溺孫女，也不是讓孫女跟自己同睡。如果她們這麼要求，就回答：「不行，不行。我們還是玩個遊戲吧。」教導孩子編織、縫紉、給洋娃娃穿衣服、做蛋糕、協助孩子有始有終地做完事情，這才是教育孩子。不是愛撫孩子或把孩子當作嬰兒或泰迪熊般寵愛，而是傳授給孩子實際生活的本領，啓發孩子的興趣並培養智力，保守孩子私下透露的祕密。這既不是引誘也不是勒索情感，而是為孩子付出真心和時間。除了慈愛的祖父母，還有誰會有這樣的耐心呢？沒有！沒有！我一點也沒有反對祖母（外婆）、曾祖母（外曾祖母）！也沒有反對祖父（外公）、曾祖父（外曾祖父）。

我不想火上加油，不過既然我們講到了孫輩跟祖輩之間的關係，我們來看看這封母親的來信：「請幫我想想辦法拒絕我母親要求孩子去她家度假。」這位女士有一個十一歲的兒子和兩個十歲和五歲的女兒。事實上每次放假，同樣的情況都會重演：「我媽要孩子到她家度假。她是寡婦，現在住的公寓有一廳一室，一個人住算舒適；但是，接待兒女和孫輩的話，當然太小。我們去看望她的時候，我和丈夫睡在客廳，她跟孩子們睡臥室，這樣已經持續幾年了。很難拒絕讓孩子跟外祖母同睡一張床這麼簡便的安排。」所以小女兒跟外祖母一起睡：「她們都非常快樂。一醒來，小女兒就幾乎獨占了加入自己遊戲的外祖母：『太太您早，您的孩子好嗎？』等等。我們在的時候，她們倆也會關在臥室裡玩……要說的是，我母親每年都會到我們家住幾次，好讓我們可以出門旅遊；所以，她幫了我們很大的忙。儘管有些小缺憾：她不會跟孩子們說『不』。為了和孫子和諧相處，她會盡量不違背孩子的意願，也避免和他們唱反調。所以，每天晚上都看電視，無論節目好不好看；晚飯幾乎都是甜點等等。她跟外孫們相處非常開心，很希望孩子們能夠在沒有父母陪同的情況下，偶爾也到她家住。」

這位母親補充說，幾年前，孩子們獨自去外祖母家的時候，她同時也會邀請他們的表姐妹（分別是十六歲、十三歲、十二歲和九歲）。兒子常常就成了這群女孩當中唯一的男孩子。接下來幾年母親已經取消了這類的度假，至少對兒子而言，「這樣才是比較有益的」。她想請您幫忙自己怎麼向母親說「不」，因為這很難解釋。

確實是。我不明白的是，為什麼他們不能帶一張折疊床或者一個床墊加上睡袋，這樣五歲的小女兒就不用和外祖母睡在同一張床上了。一張備用又不太占地方的床，並不難找；孩子不在的時候，把它收到外祖母的床底下就行了。就像我們之前談論的案例一樣，這個小女孩的外祖母就像個五歲的孩子。這跟我提過的那些祖母外婆——會教孩子很多東西以及社交能力和生活規範，尤其是能跟孩子有趣地對話——恰恰相反。顯然，如果什麼節目都看，電視對孩子是很不好的。去外祖母家簡直像在過狂歡節。至於甜點嘛，就算了，畢竟只是個小細節而已。但主要還是，睡覺的安排很糟糕。

至於假期這件事，母親是對的：讓一個男孩和五、六個女孩混在一起不好。讓五歲的孩子和十六歲的青少年擠在一間小小公寓裡也同樣不好。

我能理解，很難拒絕孩子去看望一位幫很多忙的外祖母。但是，我覺得這位外祖母從守寡以後，行為著實退化了。也許她女兒可以找些同齡的婦女來陪陪母親，這樣的關係能讓她保持精神以及社會生活的活躍；否則，外祖母就會跟一個五歲女孩愚蠢的行為看齊。

但是，如何跟一個已經習慣每次去外祖母家就睡到外祖母床上的小女孩解釋，突然從今以後她就不能再這樣了？這很可能會引發爭吵。

無論如何，這種情況總不能持續到女孩二十五歲吧！只需要跟小女孩說：「聽好，妳現在已經長大了。妳不是外婆的丈夫。我不同意妳和她一起睡……」就這麼簡單。

但是我們要再講一下這位外祖母，這是重點。她正在退化。她沒有參與社交生活，我認為她應該感到無聊。然而，現在有很多為老年人提供的活動。也許寫信給我們的這位女士可以去找一位母親的朋友來照顧她？這位外祖母過去可能活得並不充實喜悅，也許她一直活在丈夫的陰影下，不曾有過成年人該有的獨立生活。因此，失去丈夫的依靠後，就無法繼續過成年人的生活了。然而，如今有很多老年人一直到七十歲，甚至七十五歲都仍然有社交生活，和同齡的人一起參加知性或娛樂的活動，像聚會、散步、下午聚在一起幹活、做公益活動等等。我也不知道這位外祖母可以做什麼。這位女性欠缺的是和同齡人的社交與公民生活。這也許正是她女兒最能幫助到她的地方，會勝過把她與外孫隔絕。

17 誰有理？——談孩子、祖父母與父母

仍然是關於孩子和祖父母外祖父母之間的關係。一位七歲男孩的母親給您寫信，因為丈夫的健康問題，他們只生了一個孩子。孩子沒有問題，夫妻倆也幸福，家庭很和諧。唯一美中不足的地方是兒子不喜歡去外祖父母家；母親說，因為外祖父母認為教育應該是馴化孩子。她和丈夫完全反對這種教育方式，在外祖父母面前會支持兒子，這樣的反應當然令他們很不高興。然而，外祖父母要求孩子下次假期到他們家。母親徵求兒子的意見，他一開始說不，後來卻說：「好吧，如果這樣能讓他們高興，我不情願也會去。」母親接著寫道：「我覺得我的父母不懂得如何成為讓孫子樂意去看望的外公外婆。但是，我如何能讓他們明白呢？還有，我們徵求孩子的意見到底是對還是錯呢？」

事實上，關於父母對於接待自己的家庭有微詞這件事，孩子相當敏感，尤其是父親或母親的家人時，孩子會重現自己父親或母親的感受。

對於一個很小的孩子來講，如果假期或週末由祖母（外婆）教養，其餘的時間是由父母教養，可是雙方的教育方式互相牴觸時，是會令孩子為難的。但是，對三歲以上的孩子來說，就不會有問題。反而可以跟孩子說：「你看，爺爺奶奶（或外公外婆）那裡跟我們家不一樣。他們是另一個世代。如果你到他們家就聽他們的，不是聽我們的。他們有自己教育孩子的方式，我就是在這種方式下被養育大的。如果你非常喜歡他們的話，終究可以理解他們的。」

從三歲開始，只要用這樣的方式跟孩子溝通，他們便會很高興去（外）祖父母家裡（除非，他們是虐待狂或憂鬱症患者，那當然另當別論）或去其他同輩的老人家裡，因為孩子確實需要有比自己父母更長一代的長輩來陪伴他們。孩子會很高興聽見別人敘述自己的父母是如何被養大的。尤其在兩種教育方式差異很大的情況下，可以讓孩子拉出距離並且反思，以另一種角度看待父母教育自己的方式。同時，也可以讓他們了解那些被其他父母以不同方式教育出來的同學——即使只是放學時看到其他父母親來接同學，就足以讓孩子完全察覺到了。

父母和祖父母輩在一起的時候，如果因為孩子的問題有意見分歧的情形——也就是雙方對待孩子的方式不同，與其爭吵誰對誰錯，不如參照以下的做法，會對孩子更有幫助：如果父母覺得祖輩在教育上對孩子太縱容的話，其中一方（涉及的是外祖父母時，應該由母親來反映；涉及的是祖父母時，則由父親來處理）應該跟孩子說：「你應該慶幸爺爺奶奶（或外公外婆）還健在，好好享受吧……我讓步，因為我愛我的父母，不想讓他們為難。」反之，如果是祖輩比較嚴格的話，則可以說：「你看，偶爾一、兩次，讓你嚐嚐被嚴厲教育的滋味。你的爺爺奶奶（或外公外婆）也許是對的；但是，我還是會按照自己的方式去做。而他們有他們自己的管教方式。無論我們還是他們，都愛你，都希望你成為好男孩（或好女孩）。只不過，你看我們採取的方式不一樣。由你自己來決定如何成為理想中的人。」

回到這封信的內容，我認為這對父母徵求兒子的意見是對的。既然孩子同意了，就讓他去看外祖父母。特別是如果孩子其實並不想去的話，千萬不要小題大作，不要說：「可憐的小傢伙，我們會安慰你」之類的話。不可以說這類的話。孩子的血緣決定了自己有這樣的外祖父母；家族裡，每個人都活在各自的家庭氛圍中。母親和外祖母的教育不一樣；兒子長大以後，也會有自己教育下一代的方式。

18 所有的工作都應有薪資——談（外）祖父母與父母之間

在法國，照顧孩子最常見的方式是找祖母或外婆——其中一個原因就是不需要付錢……

是啊，因此也有衝突。

給您來信的是一位外祖母，從外孫出生到現在十三歲，白天都是由她照顧，晚上父母來接孩子回家。外祖母跟男孩的母親彼此之間競爭：「我女兒不希望兒子愛外婆，不過她倒是很高興把孩子托給我照顧。可是，我覺得她會在背後跟孩子說我的壞話。」這類的陳述，在父母和祖輩有衝突時常常會出現。

是的。

這會引起摩擦。孩子會有意使壞，有攻擊性，還不聽話。另外，這個男孩跟不上學習進度：「因為他辦不到，因為他有些缺陷。父母不了解孩子。」

整封信的內容實在不夠清楚。模糊的氛圍是會把這個家庭的生活搞得長期一團糟；然而說不定是可以找到溝通方式的？

也許吧……但是首先，十三歲的孩子已經不用找人看顧了。我覺得很奇怪，這個男孩幾乎到了可以照顧幼兒的年齡了，卻依然被寄養在外祖母家裡。我懷疑問題出在男孩存心要在外婆和母親之間製造爭端。只要一拉繩鈴就響，實在是太好玩了！我認為這個男孩清楚地意識到這兩個「百依百順的女人」之間的不睦，於是玩起了「挑撥離間」以利自己掌控的把戲。我認為應該盡快讓這個男孩跟外祖母「斷奶」了——或許母親也應該這麼做。

還有，孩子的父親幹嘛去了？任由自己的孩子寄留在岳母家裡？

信裡沒有怎麼提到父親。

這個父親自己在十三歲的時候，是否還需要被人照看、讓人監督自己的一舉一動，而不是像許多孩子那樣留在學校自習，還能為父母準備晚餐？這孩子聽起來，會讓人以為是個幼兒……在學校裡學習情況不佳，這倒是小事。即使不識字，還是可以適應日常生活、養活自己的。

我覺得好像有很多父母以關心孩子為藉口，將孩子滯留在一種依賴的地位。然而，對抗依賴的方式有兩種：首先是變得有攻擊性或逃避，否則就是忍受。因此，孩子會變得麻木或者易怒，無論如何他都不能當自己的主人……除非離家出走。

總之，把年幼的孩子托付（外）祖父母照顧這件事情，常常會造成祖輩與父母親之間的緊張狀態。

是的。部分原因是父母很難對免費提供這項服務的祖母（外婆）表示感激——然而如果沒有祖母（外婆）的幫助，他們就得花錢請保姆。事實上，年輕父母很少能夠付錢給幫忙他們照顧孩子的祖母（外婆），因為祖母（外婆）不願意收他們的錢。然而，他們還是可以將原本要付給保姆的部分或全部金額，每個月默默地匯到祖母或外婆的定存帳戶或者另設的特別賬戶裡。因為，照顧孩子是一份工作；而所有的工作都應該有薪資，即使祖母（外婆）付出的是一份關愛。有一天當孩子不再需要被照顧的時候，父母可以對祖母（外婆）說：「妳看，如果請一個保姆的話，我們得付多少多少錢……我們付不起這筆金額，但是我們還是存了這筆金額的一半給您。這筆錢是屬於您的。」到了孩子八歲的時候，祖母（外婆）就可以擁有一份不少的積蓄。而在孩子還小的時候，祖母或外婆可能不願意接受這筆錢：「我怎麼能收你的錢呢！我只是想幫忙你們而已！」其實，只付一半的金額就已經是幫大忙了。剛才我說的這種方式要比偶爾送一份小禮物可取多了。因為，對祖母或外婆來說，這份收入代表的是一份自由。等孩子長大不再需要照顧的那一天，她幾個月或幾年的服務就換來了一筆具體代表兒女感恩的酬勞。我認為大家對這件事情的考量不夠周全。

否則會發生什麼事呢？每個月在照顧孩子這件事上不付一分錢的父母——我說的不是支付全額費用，如果他們經濟狀況不允許的話，也可以設定一個小額預算。只要跟祖母（外婆）發生衝突，或者當祖母（外婆）表示疲累時——兩者往往是同一回事——他們就會找不到其他人來照顧孩子、就會焦慮。通常在糾紛中，沒有其他對策而處於劣勢的一方，就只能忍受。在這個案例中，不付錢給為自己工作的人，在對方面前，就是將自己置於劣勢的地位。結果是照顧者變成了主人，聘雇者則變成了受惠者。這是許多糾紛的導火線。當然，**所有的孩子都會因為由自己以及自己需求所引起的衝突而難過。他們會為此感到內疚。**

反過來講，有些父母會付上一份孩子的開銷費給托付照顧的（外）祖父母，以為是給（外）祖父母養老金之外的補貼——以為這樣是增加（外）祖父母的家庭收入。這很虛偽，每個人奉養父母的義務不應該以這種方式來呈現。如此一來，就變成了「再添加一筆」看護孩子這件事情——就像一筆沒有交代明確條款的合約或交易。短時間裡，父母看似占了便宜的同時，祖父母輩和孩子雙方都受到了精神損害。**作為交易的附屬，任何人都不會感到被愛的。**

如果父母在孩子八歲的時候，為（外）祖父母準備一筆小「金喜」的話，他們之間的關係會好很多。八歲的孩子白天就不再需要有人照顧了，孩子會因為父母對自己的這份信任而感到自豪。孩子之後也可以常常去看望、陪伴自己親愛的祖母或外婆，讓彼此都開心。

附錄 心理治療案例

什麼是心理治療？這個經常被大家提到的問題，實際上也變得比「什麼是精神分析」[1]還要模糊，我想藉由一個單純的心理治療案例，用專業術語來說就是「支持性心理治療」，來回答這個問題，盡量讓大家了解這個工作的理念以及工作的情形。

心理治療的目的在於復原**近期**生活中受到**現實**考驗衝擊而打亂的平衡。在面對現實生活考驗時，治療對象因一些偶發事件的干擾，沒能及時意識到或無能力適時做出**應對**，導致他雖自覺無能為力但卻認定應該承擔**責任**。治療對象沒有立刻在周遭找到符合自己所需的外在幫助，這些外援本來可以緩解他對事件虛構出來的嚴重後果（例如，失望或羞辱），讓他可以首先跟自己和解來面對實際發生的挫折。他人的支援本來可以幫助治療對象接受某些間接發生的、有時不可避免的實際情況。這些情況全然不牽涉到他的任何責任，卻仍然對他造成打擊；因為他所遭遇的挫折已經讓自己變得更脆弱更敏感了，導致某些現實發生的情況對他的影響就更加深刻。

治療對象因為解決不了自己的問題，會陷入一連串與自己個人生活以及別人對他的反應相關的行為和回應。治療對象的情感狀態、心理狀況以及社交心態會愈發惡劣，直至陷入絕境。有時候會讓他生病，有時候會時而出現機能性的紊亂，例如睡眠障礙、飲食問題、頭痛，還會逃避去做那些以前能讓自己放鬆的事情。人生幾近崩潰。他對自己的無能為力感到絕望，被沉重的自卑感與罪惡感壓垮；在被欲望衝突攻克，致使自己的性格遭受到迫害性的影響，繼而開啟了退行（régresser）[2]機制。治療對象可能會為了回應自己想像中的罪惡感，貪圖一時的快樂而做出違法的事情。或者更嚴重地，被意外死亡的幻想驅使而陷入絕望：自己可能會衝動地挑起意外死亡，卻不知道目的是想要緩和無法達成目標而產生具有攻擊性的緊張情緒，這種可能會反噬己身的緊張情緒。或者，如果治療對象的罪惡感受到有意識的憂鬱情緒主導，他會感受到難以言喻的焦慮，並開始藉由酗酒或吸毒來忘卻自己的痛苦。抑或是，由於徒然抵抗無法彌補的事情而心力交瘁，他會尋求一種自以為溫和、有拯救作用又緩慢的吸毒自戕方式，即使不是明確渴望得到最終的安息，仍是冒著死亡的風險。

保羅，八歲半，很聰明，但自這學年入學開始，他的學業成績完全一塌糊塗。已經四月底了，他有嚴重且難以克服的懼學症（phobie scolaire）。他已經幾個星期沒有去學校了，但同時他讓父母以為他有去上學。他先是弄丟了自己的聯絡簿，然後又在分數上造假，而且還被老師懲罰了。現在，他對學校極度反感。保羅的父母緊急來找我：保羅的表現超出了校長忍耐的極限，校長通知他們已把保羅從正規小學開除。保羅應該去一所專為人格障礙兒童設立的特殊寄宿學校。

到底發生了什麼事情呢？讓我們從頭說起。

直到上學年度的期末，保羅還是最優秀的學生之一。從上幼兒園開始到小學，他都很優秀。沒換過學校。這學年的老師以嚴厲出名。學生們都怕她，但也很喜歡她。

保羅順利地結束了上一學年。像往年一樣，他參加了夏令營。然後，與父母以及比自己小五歲的弟弟一起去鄉下的外祖父母家過了幾個星期。一切都很順利。九月初回來的時候也很健康。父親提前把孩子們帶回家，因為當時外祖父身體不適。大家都以為沒什麼要緊的，並且以為只要外祖父身體康復，一星期之後外祖母就可以再來看他們。

母親（也就是講述者本人）當時正等著自己的第三個孩子出生；保羅和弟弟回家幾天之後寶寶誕生了，而兩個男孩在這段時期被送到了平時照顧他們的保姆家。出生的是個女嬰，比預產期提早了兩週。母親一直工作到懷孕末期，剛生完孩子時，想必非常疲憊。她原先指望讓孩子們去自己母親那裡一直住到開學，以便休息，之後再請母親過來幫忙。

可是外祖父的病情惡化，外祖母只好留在他身邊。四年前外祖父曾經做過手術，他罹患癌症，並且已經擴散到了全身。外祖父在一月去世了。

聖誕節至新年的假期時，他們全家都去了外祖父母家。保羅的母親難道不該早點回來看望自己的父親嗎？他當時的樣子已經讓人快認不出來了。保羅的母親一說起自己父親的情況就會哭。父親疲憊得已經受不了讓小孩住在家裡了，不過他還是見到了自己的小外孫女。這位女士哭著說：「我想讓父親認識她。」「孩子們都很喜歡他，我們大家都很愛他。他是個好人。我是獨生女，我丈夫也是獨生子，他八歲的時候失去雙親成了孤兒，是由外祖母帶大的。他的外祖母在我們第二個孩子出生時去世，我們都非常愛她。她是在我們家去世的。」她又哭起來了。「如今我們只剩下我母親了。」

保羅的父親，即她丈夫，是一名卡車司機。週間都不在家，週末才回來。夫妻相處得很好，孩子都是在期待下受孕出生的，夫妻倆想要三個孩子：因為他們都很遺憾自己是獨生子女。孩子父親在家的時候，把孩子照顧得很好，還會幫忙妻子分擔家務。

保羅的母親是一名上班族，很喜歡自己的工作，同事們人都很好。從一開始，她就在這家公司工作；她的母親以前也在這裡工作。母親退休後，她接替母親原先的職位。她父親比母親大十歲，六十五歲時退休，母親配合父親自願退休。父親過去在一家很有規模的種子公司工作。保羅的母親有個很幸福的童年，她的父母親回到鄉下住進外曾祖母留下的房子，保羅的外祖母在那裡度過童年。「我們總是去那裡度假。房子在諾曼第。當時我已經認識我丈夫了，結婚時，父母把巴黎的公寓留給了我們，然後回到諾曼第生活。」

她又講回到九月份發生的事件上。

小女兒是在開學前出生的。

「我沒法送小兒子去幼兒園，是保姆送他去。保羅不同，他已經習慣自己上學了。週末我丈夫都在，孩子們也在家。之後我生產回來，感覺非常疲累，不過也還好，我們很高興有了一個女兒。保羅送弟弟去幼兒園，保姆幫我接小兒子放學去她家，保羅放學後也會去她家，留在那裡吃點心。就像我上班的時候一樣，到晚上兄弟倆再一起回家。」

學校方面則看似平靜。保羅幫母親很多忙。他講到老師罰他晚上抄寫，於是母親訓了他幾句。然而母親有許多事要做，並且非常疲累，再加上擔心自己父親的身體狀況……「之後，我不得不重新開始工作。早上我把嬰兒送到托兒所，晚上再去接回來。二兒子的保姆現在年紀太大了，無法再照顧小孩，所以我們也把二兒子送去托兒所了。不過保羅小時候是由我母親帶大的。有次她帶保羅散步的時候，認識了一位保姆，之後便請這位保姆白天照看保羅。當時，保羅是那保姆最後接受的一個小孩；除了保羅，這位保姆還照顧另一個孩子。保羅和那個孩子相處得很好。二兒子會走路之後，還是讓這位保姆看護。她把孩子照顧得很好，還帶他去公園裡散步，比在托兒所好多了。還有，當孩子感冒的時候，她也會幫忙照顧……托兒所不接受感冒的孩子，要是孩子生病了就得送去醫院。我母親也會過來，在家裡照顧他們。

孩子在學校會被傳染的病其實沒有什麼大不了的：像是麻疹、水痘……這些都是必須經歷的。他們身體都很好。可是現在，保羅讓我很擔心。」

「父親去世以後，母親因為太過勞累病倒了。她有心臟的問題，於是來我們家住。不過家裡有三個孩子，房子已經很擁擠了！母親諮詢了家庭醫師，家醫推薦她去一位著名的專科醫生那裡治療。她需要休息。」

外祖母變得很抑鬱，無法再忍受孩子的喧鬧以及任何動靜。過去和善的她，如今不時責罵孩子。

保羅的母親為了照顧自己的母親，只好不去上班（她希望自己只是暫時離開工作崗位）。

那麼保羅呢？「我們收到他的第一季成績單，[3]各科都很差。我預感他可能會被留級，在爸爸去世後，我去找過孩子的導師。她對保羅很惱火，說他什麼都不做，擾亂課堂秩序，完全不聽老師的話，既聒噪又懶惰，讓人難以忍受。老師不想讓學生學太多東西，也不想給學生太多作業。然而，保羅不是忘記了，就是馬虎了事。字寫得又糟糕又小。老師顯然對保羅很失望。他不再是以前別人口中所說的那個優秀的孩子。他要不就是讓人受不了，要不就是在課堂上睡覺。不能再讓他這樣下去了。」母親注意到保羅臉色蒼白，也沒什麼胃口——他是變了，可是他怎麼會很吵鬧呢？「在家裡，我都聽不到他的聲音。他總是盡力幫助我，很乖，熱心幫忙。醫生說：『他一定很焦躁。因為他睡得不安穩，經常做噩夢。』還有就是自從外祖母住到家裡以後，三個孩子就睡在同一間臥室。自從小妹妹出生以後，保羅為了讓我能夠充分地休息，夜裡是他起來給嬰兒餵奶瓶、換尿布，就像我丈夫在家的時候做的事情一樣。還有，孩子哭鬧的時候，保羅也必須哄她睡覺，以免打擾到鄰居。起初，女兒吃飽了奶就會睡覺，可是自從送她去托兒所之後，作息就被打亂了，那段時間都不能睡整夜。現在好多了，她的睡眠習慣穩定了。可是，睡眠的問題現在又出現在小兒子身上了……聖誕節去我父母家，他認不出自己的外祖父，回來以後就開始做噩夢。他會叫醒保羅，保羅便會安慰他。這樣安慰弟弟下來，保羅自己都開始相信弟弟做的噩夢了。」

「之後，我母親來我們家住；學校就成了保羅最心煩的事情。我想他應該是從那個時候開始逃學的；我們當時還不知道。他早上出門，按時回家，連學校餐廳都不去了。他還是會去保姆家接弟弟。如果我問他：『在學校都好嗎？』他會不情願地回答：『不好，老師討厭我，我不知道和她有什麼仇，我受不了學校了！』當下我會跟他講道理。學校老師以為他生病了，沒有告訴我們他曠課的事情。後來是班上的一位同學看到他：『保羅沒有生病，我在外面看到他。』於是校長寫信給我們。我去見了校長，不明白到底怎麼回事。校長說他一定有問題，一個孩子不會無緣無故就變了。我忘了告訴您，收到保羅的秋季成績單以後，我帶他去看過心理專家，做過一些測驗，想知道他成績變差的原因。然而，因為爸爸的去世，我就忘記這件事了……專家說孩子很聰明，只是很容易累，而且過於敏感。新年的時候，我們去看望過外祖父。兒子當時很傷心，我們也很難過。心理專家說孩子有拒學的狀況，應該帶他去看醫生。本來我們放心了，可是現在又說他有人格障礙，應該送他去特殊寄宿學校，不能繼續住在家裡。我認識的兒子不是這個樣子的，學校老師口中的孩子與我們認識的他判若兩人。我跟他說，他讓我們很操心；我問他為什麼要這樣，他說不是他的錯。有一天我生氣了：『既然不是我的錯，也不是你父親的錯，你為什麼要這樣對待我們?!』保羅當下就卡住了，說不如死了算了。有時候，我害怕他會想不開去做傻事，我不知道應該怎麼辦。」

「我去見過老師並且讓孩子做了測驗之後，丈夫很生氣，向來不打孩子的他收拾了兒子一頓。我心想：也許這一次的教訓會讓孩子變好。有一天丈夫休假，送孩子去學校。校長給我們看了孩子的曠課紀錄。回想起來，保羅第一次逃學好像是從我父母家回來以後開始的。我感覺真是太可惜了，這麼聰明的孩子，居然把自己當成笨蛋！難道是我們對他不夠嚴厲嗎？」

「我打算復活節假期的時候，早上讓保羅多睡一會兒。為了陪伴母親，我已經停止工作了。當時母親狀態很不好，我不能讓她一個人。二兒子白天都在保姆家裡，因為母親受不了二兒子在身邊。為了讓母親可以好好休息，我甚至也把小女兒送去托兒所。醫生說過，『她需要休息，不能煩心』，而且她一直掛念著我父親，掛念著墓地的事情，這些都對小孩子不好。您一定可以了解公寓是什麼樣子，孩子們需要跑跑跳跳，會把家裡弄得亂七八糟，尤其是我們的小兒子，因為保羅總是一聲不響。保羅常常很晚才睡覺，並且陪在外婆身邊。我給他們做飯，之後他會去保姆家。天氣好的時候保姆會帶孩子們去公園。在家裡，我也會煩躁，很容易發脾氣。我會大吼大叫，接著會自責。這樣做一點用也沒有；我不知道該怎麼辦。甚至他們的父親到家的時候，以前總是一片歡呼：『爸爸回來了！』可是現在……要保羅吃飯只能用吼的，他總說自己不餓，看得出來他狀態很差。」（孩子的母親狀態也不好：無精打采，面容憔悴，而且很消瘦。）

這位母親結束了冗長的獨白之後，輪到**父親**了。他中等身材，氣色紅潤，看起來很健康。

我問他：「那麼，您是怎麼看這個讓您操心的兒子呢？」

父親回答：「我實在不明白。他原來是個難得的好孩子，現在卻像驢子一樣倔。我擔心學校對他來說已經完蛋了，他對學校已經不再有興趣了。以前他很喜歡上學，我回家的時候他會十分得意地把自己的成績單給我看。這讓我很高興。後來無論承諾或斥責都沒有用，我甚至揍了他一頓。有人說有時候這樣會讓孩子振作起來。要知道，我原來從不會這樣做的。我不喜歡打孩子。這應該是我一生中唯一一次打他……他現在好像會怕我。都怪那個把他視為眼中釘的女老師。後來我們得知，復活節假期後，保羅的問題已經不再是罰寫或懲罰，而是他連學校都不去了。沒有辦法。學校對他來說已經沒有意義了，就算殺了他，他也不會再去了。」

「有一天我親自送他去學校。他進去了……可是，接下來他做了什麼？那天，他被學校記了曠課。他應該是躲在廁所裡……然後跑掉了。還有，他到底去哪兒閑蕩了呢？他怕我，怕老師，就是不怕在街上遊蕩！」

父親因內疚和焦慮，沉默了一會，才又繼續說。

「我曾經試著在他同學面前羞辱他：『你要像個男人。老師又不會把你吃掉，對不對？盡力去做好。你很聰明。聽著，一切都會恢復像以前那樣的！』保羅說這麼做根本沒有用，說他以前聽課可以聽得懂，可是現在卻聽不懂了。他說同學都嘲笑他，下課休息的時候拿他開玩笑。」

「我是聽他同學說，不是聽保羅自己說的，這位女老師喜歡處罰學生抄寫，例如把類似『我不應該在課堂上睡覺』的句子寫滿三、四頁紙。其他的同學也曾被這樣懲罰過。可是保羅呢，他沒有把罰寫交給老師，不是說忘了，就是說搞丟了。其他的同學都會將罰寫交回給老師，老師會罰保羅多寫兩、三倍。有一天老師對他說：『要是復活節假期結束後還不交給我，你就不用來了……』於是，他就再也沒去學校了……他真的很倔，我覺得老師應該讓步，罰寫的作業實在太多了，或者最多抄四、五頁就行……然而，即使這樣，誰又知道他會不會照做呢？」

我問：「那您現在打算怎麼辦呢？」

他回答：「我不知道，我真的不知道。我愛我孩子！他已經誤入歧途了。儘管學校老師說他個性差……我可不覺得是這樣。他是氣惱了，封閉了自己；現在他害怕了。」

「起初，他很喜歡去學校。他原來是個好學生。接下來我女兒出生了，我妻子很疲憊，外祖父又……所有這些事情！可能讓他不再有心思好好聽課了吧。孩子說課程很難，老師不喜歡他，又對他很嚴格，說自己上課聽不懂等等……我一直鼓勵他：『一切都會好起來的。』在家裡，他什麼家務都做，真的幫了妻子很多忙。我曾經對他說：『我得靠你……』我確實對他要求太多了，正是這個原因讓他變成這樣的。他才八歲，快九歲而已。」

「接下來我們收到了他的第一季成績單，很糟糕。老師給他的評語是：懶惰、不學習，字寫得一蹋糊塗。我跟妻子決定，『讓他做些心理測驗吧，有時候是腦子出了問題，也是有可能的！我們要確認他有能力學習。』測驗的結果讓我們放下心來，心理專家告訴我們他很聰明，有拒學症，也許他容易疲勞，應該帶他去看醫生。還有，接受心理治療也許對他會有幫助。然而，我們還是心存懷疑，現在看來……我們可能錯了……」

「之後妻子去見老師，我們才知道他在課堂上會亂動、吵鬧、不專心聽課，還會干擾其他同學——和在家裡的樣子完全相反。妻子認為：『老師看他不順眼。』我當時則想：『他是個男孩，又不是天使，總不能動都不動吧。』之前的心理測驗結果讓我放心，所以……可是我不知道有罰寫這件事情。原來保羅和老師在這件事情上鬧僵了，彼此都不讓步。一切都搞砸了。聽說，她可是馴服過很多不聽話的孩子呢！但是，她沒想到我們的兒子會是個壞學生……而且，保羅什麼也都不跟我們說。我們問他：『在學校，都好嗎？』『還好，老師討厭我……』我開起玩笑說：『有些女人就是這樣。你真倒楣。』他倒沒有笑。然後，我妻子跟您敘述過的，我們那時候忙得不可開交，我妻子重新開始上班，我岳母的狀態很不好。一向最溫柔的岳母，當時老是在責罵孩子，說他們沒良心，沒有把外祖父去世的事情放在心上……家裡氣氛很陰沉。我跟妻子說：『一切都很糟糕，妳得辭職，以後再上班吧。公司那邊跟妳很熟，他們會理解的。』於是，妻子就沒去上班了。」

父親沉默下來，陷入沉思。

「外祖母已經沒事了。醫生很高興，說她是因為過度勞累和悲傷而生病的。她的心臟沒問題，復原以後，決定回到自己家裡住。我們家太小了，而且她總是得回去的。她又像以前一樣對孩子很好。她是個了不起的老太太。她說保羅本性善良。保羅對外祖母也很體貼，畢竟是她撫養保羅長大的……我是說，保羅出生的時候，她就到我們家來照顧。保羅是她的第一個外孫，可想而知，她當時很高興。後來也是她找到保姆的，保姆也是個很棒的女性，我們實在很幸運。」

父親再次沉默。

「我不願意讓兒子去上特殊教育寄宿學校。原來的學校不要他，是他咎由自取。可是，我不想讓他跟那些瘋小孩還有那些不受父母關愛的孩子一起住校。我認識一些這樣的孩子，都是父母關係很不好的、沒人照顧的孩子。讓我兒子跟這樣的孩子一起住校？那可不行！我要幫助他，必須想辦法把他救出來。」

就這樣，這對父母下了決定。既然這學年已經沒救了，學校也把保羅開除了——何況他也懼怕上學——就不要再勉強保羅了。保羅每週接受兩次心理治療，並由父母分別陪同一次。也不再用寄宿學校來威脅保羅了。

父親說：「好！這些我都同意。如果新學年開始，原先的學校不讓保羅回去繼續讀，我會找另外一間學校。就算要付錢，[4]我也願意……可是，還要保羅同意才行。以他現在的狀況，實在不好說。他目前一點也不願意再聽到談起『學校』的事了。」

「對，這樣很明智。」我對這位父親說。

接著我見到了**保羅**，當著他父母的面，向他解釋了心理治療的方式，也就是定期與我進行面談，費用完全由社會保險給付。保羅沒有拒絕。他顯得沮喪、無奈，偷偷地看了看自己的父母。父母把所有的希望都寄托在心理治療上，因為這的確是解決他們目前一切混亂狀況唯一的作法。

針對這個案例，為什麼選擇了所謂的支持性心理治療，而不是精神分析治療？

那是因為距今不到一年前，孩子的心理還是健康的。保羅是順產，母親懷孕期間也沒有問題。他是在父母期待下出生的孩子，有家人的陪伴。從母乳（母親哺乳了幾週）、到奶瓶，再到用湯匙餵食，斷奶的過程很順利。他也順利地學會了自己大小便。一歲會走路，牙齒也長得很好，發育一切正常，運動機能以及語言學習發展正常，沒有問題。從幼兒園、社交能力、小學一年級到小學二年級，發展都很順利。雖然家庭生活一度受到干擾，但沒有產生人際關係上的衝突。

雖然孩子有嚴重的社會心理問題，但由上述的情況表明需要給孩子進行單純的心理治療。也就是，採取正向**移情**的方式（有待建立），但對移情過程**絕不進行分析**，也不解讀夢境或幻想；不喚醒也不暗示幼年潛抑的意識並加以解析。（我所說的潛抑的意識是，關於亂倫的禁忌被壓制的欲望、源自伊底帕斯情結的認同以及攻擊性——還有『魔力信念』（la pensée magique）[5]在其中起的作用）。並且不刻意指出自殺的念頭。

心理治療師跟孩子講話的內容要盡量維持貼近現實。

支持性心理治療可以由一位了解孩子邏輯，並懂得跟孩子建立關係的心理治療師來進行。心理治療師與孩子相互之間要有好感；還要確保嚴守祕密，不對其父母透露。並且，孩子也要有接受幫助的意願。第一次與孩子面談，需在其父母都在場的情況下進行，心理治療師會向孩子總結之前跟父母分別交談時所了解到關於他的基本情況。孩子要得到父母的允許向心理治療師講述家裡發生的所有事情，以及他個人的經歷。心理治療師也應該對父母強調，不要追問孩子在治療過程中所講的內容。如果孩子——此案例是一個八歲的孩子——拒絕接受體驗心理治療的話，不應該強迫他。但如果孩子願意的話，請他在開始與治療師面談時由他的父親或母親陪同在場，讓孩子安心，直到孩子自己同意與治療師單獨面談為止。

心理治療提供的是哪些「支持」呢？對治療對象來說，想像範疇與現實領域，幾乎是完全混淆的，因此他愈發難以表達自己。各種症狀，以及情感抑制、驚恐、疲倦、緊張等等現象變成了記載在他身體上的語言符號，那是一種連思考或自言自語都無法表達的語言，只有通過不受保護的睡眠裡的噩夢影像形式體現出來：孩子會被噩夢裡的影像驚醒，卻對夢境不復記憶。然而，透過孩子在治療過程中所有說到關於自己的繪畫、黏土創作或生活裡經歷的一切，治療師可以由此推斷出想像力構建下幻像所包裹的現實情況。一位心理治療師在不對孩子無能的狀態加以評判的情況下，可以讓孩子透過敘述重新勾畫出現實的輪廓。這位傾聽孩子說話的治療師，能夠幫助孩子在自己所經歷的事情中找到定位。治療師鼓勵治療對象透過言語與自己交談，並且借助彼此之間感同身受的關係為對方設立一些象徵性的坐標；這種關係不會受到治療對象與親友之間複雜而持續的關係常引起的焦慮所感染。治療師只在有限的時間內，依照合約以定期重複的方式與治療對象會面。他們建立的關係，不同於治療對象跟其他人的關係。在治療範圍內保證不會洩露私密。相較於其他的關係，這一切，或幾乎一切，都是在一個優先注重象徵關係的領域中進行。我認為，這正是心理治療的本質。

在這裡不可能詳細說明每次治療內容，而且也沒有必要。只要列出孩子提到的主要話題，以及孩子圍繞著這個話題說到的事情就夠了，並且偶爾引用孩子的原話。在諮商的過程中，孩子說到了一些問題和憂慮，治療師就讓他講述下去，而不做任何道德批判。比如，保羅用一種讓自己解脫出來的語言表達，來敘述自己記憶中一些奇怪的、痛苦的或愉快的經歷。這些語言表達是用於把自己從被壓抑的欲望、被扼殺在萌芽狀態的計畫裡解脫出來——比如，讓人有罪惡感或不理智而無法實行的計畫，或者本身自相矛盾的計畫，因為其中有兩種真實並存，即「自己覺得是真的」與「他人覺得不是真的」，以及「可能」與「不可能」。這些善與惡的抽象想像中相對性的真實，對任何一個孩子來說似乎都是絕對的。按照性別、年齡、家庭排行、社會角色、個人經驗、責任感與實際的責任、對善與惡的價值觀、自由的感覺、可以做的事情和只能想像的事情，還有自己不知道的事情，現實便有了相對性。

隨著療程的進行，可以看到保羅受傷的自戀逐漸受到療癒。這個自戀的創傷讓保羅感到無能為力；對自己在普世規律下無能為力而有罪惡感，並且認為自己不斷地被這個共同的規範迫害。普世規律是什麼？指的就是活著、工作以及死亡的規律，愛與被愛的需求，失去心愛的人、不被心愛的人所理解或被排斥的痛苦，還有不再信任任何人甚至自己的絕望等等。

所有這些事情可能看似抽象，並超越了一個八歲孩子的意識範圍。

其實不然，如果我們回顧每一次診療過程中談到的想法內容：

首先，一個女嬰的出生，在保羅的弟弟出生後五年……然而當年大家期待的是個妹妹。

然後，就是外祖父以及外祖母的疾病、醫療、手術。

孩子八歲的時候，也就是保羅現在的年齡，會擔憂父親、母親有可能死亡（保羅的父親正是在八歲的時候失去了父親）。想到這些是不好的。一個嬰兒出生，一位年老的長輩就去世——先是保羅的弟弟，然後是他的小妹妹。是魔法還是巧合……

對這些事情，有些保羅知道，有些他不知道……成長、學習、承擔責任。身為長子，父親不在家的時候，還要承擔起「像父親一樣」的責任。

保羅愛外祖母就像父親曾經愛自己的外祖母一樣（保羅幻想的）[6]。女老師很壞……太嚴厲了，必須寫得很快，還要被罰寫……「媽媽曾經說老師是對的。」在學校要聽課……他聽不進去、被懲罰、還被罰寫、一行一行地重複抄寫。「還有老師不要我了，其他的同學下課的時候嘲笑我，他們太壞了。」「他們上課的時候不打鬧，不然他們也會被罰寫。」在家裡地板上寫字，沒有書桌，又不能在廚房裡寫作業，真是不容易。

至於吃飯的問題，他不餓，也會被罵。晚上要照顧弟弟、妹妹。餵奶瓶、換尿布，也不容易。還好妹妹很可愛……「爸爸跟我說了，也教過我怎麼做。要讓媽媽休息。」

弟弟以為自己噩夢裡的鬼魂是真的。「醫生動手術時就像鬼魂。但那不是真的。」兩年前外祖父曾經做過手術，是同樣的病，治不好的……

「不上學，就會變成流浪漢。」在保羅沒去學校的那段時間裡，一個流浪漢成了他的朋友。保羅手上有原本要去學校餐廳吃飯的錢，可是他覺得「留著這筆錢不好」，於是他把飯錢給了流浪漢，認為「這樣很好」。「這些不幸的人，他們沒有錢。我們就去買東西吃。他們不能工作。流浪漢裡也有好人，真的；他要我回學校去，才不會像他一樣。他還會說些好玩的話嘲弄我的老師來逗我開心……我忘了。我爸爸人很好。他是個長途貨車司機，他從不喝醉，但會喝點葡萄酒，也會給我一點，不多，有時候還不加水。以前他還會帶我們去散步……在他休假的時候。媽媽要上班，爸爸會到照顧我和我朋友的保姆家接我。我很開心他來接我；弟弟還小，所以留在保姆家……」

然後回到學校的話題。保羅帶來了一封外祖父母以前的信，信中稱讚他在學校學習得很好。我們還看了一些照片。「外公人很好，我們一起散步。他打過仗，我不知道是哪一場戰爭。他受過傷，也會說些關於以前德國鬼子的事，不是現在的德國人。也就是上一場戰爭的事。後來又爆發了戰爭，可是那時他已經太老了，沒有辦法上戰場了。不過，他跟我講自己怎麼躲在德國鬼子的火車裡，然後炸掉了火車。還講到了飛機。」保羅敘述著，也會畫圖，還會寫下自己畫裡表達的故事。剛開始畫的時候，沒有簽名，後來會簽一個小小的「保羅」，接著簽名越來越大，最後會寫上自己的全名。

「後來我睡得好了，不再做噩夢了。外婆也康復了，變得跟以前一樣。開學以後，媽媽就要恢復工作了。至於我，如果學校不要我，爸爸會想辦法的。我想回到一間學校上學。我們還會去外婆家。有位太太說她可以在假期裡幫我補課，我認識她。放假時，她住在外婆家附近。她曾經教過課，沒結婚，是外婆的同班同學。我一定可以趕上進度的，我不再像以前那麼容易累了。我幫媽媽算賬。以前老師上課時，我聽不懂『運算』[78]，她以為我是故意的。一開始我試著聽課，然後就聽不進去了。結果都聽不懂……爸爸也算賬，他說我算得很好。我們計算他要駕駛的公里數，會需要多少時間，應該幾點出發。重型卡車時速八十公里，不過不會一直維持同樣速度，還要停下來吃飯，所以要做一次減法接著一次乘法……還要做一次除法，就能算出答案了。開車時不能喝酒，否則會被警察要求吹氣測酒駕——如果有喝酒，就會變顏色。那個我跟您說過的流浪漢很喜歡喝酒，但他不開車。他也給我講過一些戰爭的故事，不過他不是軍人；他沒有勛章，但是我外公有。流浪漢當時還是小孩，他說那時候什麼吃的都沒有，大家一無所有。因此他當兵的時候，總是生病，軍隊就不要他了。醫生們跟他說：『你很糟糕，訓練結束了，我們不要你了』……結果他很高興。我沒有跟爸媽說過我認識費托，也沒說我跟他一起吃飯。媽媽說流浪漢都是懶鬼，是沒用的人。可是費托跟我說學校很好，讀了書以後才能有份職業。他說：『你啊，你是個好小子，不要變得跟我一樣。你有爸爸、媽媽、弟弟和妹妹。』他的妹妹死了，他說死亡會改變一切。他又跟我說：『而且你還有外婆，醫生們會為你把她治好的，一定會的。真的，不是所有人都會死的！好吧……總有一天……還是會死……就像我爺爺。不過他已經很老了……我呢，說來奇怪，我不想死了……以前我想去死；我受不了了。』這些話都是他跟我說的：『我們有時候就是會受不了了（還夾雜了一些不應該說的粗話）。他跟我說：『別聽我說粗話，這些話不是給孩子聽的。』還說：『你有一個家，要愛家人。』他爸爸被關進監獄，因為費托的小妹妹夜裡哭鬧，他爸爸打了自己的女兒（當時她還是個嬰兒），下手太重了，結果被送進醫院後就死了……費托不知道自己的爸爸後來怎麼樣了……出獄後，費托就再沒見過他了。他說有個父親挺好的，在小妹妹出事之前，他什麼都有；可是之後他什麼都沒有了。就是這樣……我問他的媽媽呢，他跟我這麼說：『可憐的女人啊，也不是她的錯……她離開了，我也不知道她去哪兒了……』」

不用再繼續講述這份兒童心理治療案例的紀錄了。保羅講話了，他能夠**說出自己真實的想法**了。9

新學年開始，保羅順利通過考試，重新回到原先的學校，並且順利升級。他果然趁暑假「趕上」了本來落後的課程。新老師（當然是另一位女老師）具備了所有的優點：人長得漂亮……課又教得好。保羅的學習成績和課堂表現都很好。

第一學季，保羅先是繼續每隔八天的療程，然後調整為每隔十五天進行一次治療。他和同學相處得很好……也許保羅會跟同學說起費托，這個在他逃學歲月裡撫慰他的朋友，或者說是在他廢棄場學校時期的友人……不過在後來的治療會談，保羅沒有再提到過他。他和家人的生活也都好起來了。這條生命之流湍急的時候曾經打翻了保羅的小船，差點淹死了他，而現在都已經過去了。心理治療持續五個月後達成了目標，也就是完全恢復到保羅原先平衡的心理狀態——自幼年開始建立、五到八歲成型穩定。然而就在幾個月的時間裡，表面上看來，保羅因為女老師的意外事件失去了這個平衡；然而實際上，卻是因為其他的無意識因素所引起的。

保羅在校有了新的學習斬獲，正如重建對別人以及對自己的信心，重獲健康的身體，還有家庭恢復和睦，這些對保羅的未來都是好的預兆。

這場治療屬於心理治療而不是精神分析，儘管治療師本身[10]曾經接受過精神分析。父母和孩子傾訴的移情作用，並沒有經過治療師的分析，也沒有被治療師用言語清楚地表達出來。通過他們說的話以及有意識表達出來的情感，可以解讀出保羅跟父母以及保羅的父母跟他們的父母之間的無意識關係；只是治療師並沒有特別指出來，也沒有做進一步的詮釋。此案例記錄中關於這三個人與治療師的交流，運用到的僅僅是第一層的意義，也就是意識層面上的意義。

在這樣一種稱之為單純心理治療或支持性心理治療的心理治療中，涉及到無意識的是哪些內容？

保羅心理涉及前性器期的本能衝動[11]以及伊底帕斯情結；儘管保羅的伊底帕斯情結問題，在那些事件之前就已經解決了，然而又被那些突發事件喚起，危害到孩子的心理結構。但事實上，家庭中所有的成員，身心原本都是健康的，卻因同樣的現實生活遭遇（女兒的出生，老人的去世——其身分分別是外祖父、父親、岳父以及丈夫，對每個人都有不同的重要性），讓家庭裡的每個成員內心的原始衝動（pulsions archaïques）[12]都受到了震撼，以不同的程度動搖到每個人無意識中的力比多（Libido）[13]結構——與一個渴望已久的小女兒的誕生以及一個大家心愛的丈夫、父親、岳父的去世有關。我們可以肯定的是，保羅的「病」和他的心理治療既幫助到了保羅的力比多，也幫助到了他家裡每個成員的力比多，既同心協力又在各自的位置上——有意識同時無意識地——忍受並且承擔自己欲望的轉變。

關於孩子被遠送問題兒童寄宿學校對家庭造成的「威脅」，可以說什麼呢？如果這個提議是為了確保班上學生群體的一致性發展而有其必要，但對學生保羅而言這是合理的嗎？還是讓保羅重讀一年才是更明智的決定？或者，應該轉介他到學區裡上補習課程？不。因為這樣一來，保羅的懼學症還是會持續下去。校長下令開除保羅的做法，才正是拯救保羅的決定；最終也激勵保羅的父母親——即使心理測驗已經讓他們安心——不僅接受了曾兩度推薦及建議他們但從未落實的保羅心理治療方案，並且全心全力投入其中。

1 參照第二冊第一部「日常生活的疑難雜症」中第十章〈這個年紀應該做的事〉。

2 譯註：法文動詞 régresser，名詞是 régression 指退行、退化。退化作用也稱「逆退機轉」。是指個體由於受到某些危險、衝突的推動，或遭受嚴重打擊時，其行為倒退至發展的早期（較不成熟）階段，改以較幼稚的行為方式以及態度表現，以暫時獲得安全而消除焦慮、痛苦。尤其在個人面臨巨大壓力或新挑戰時，很容易以不成熟、不恰當的行為回應。以上內容轉載自教育百科「退化作用」的定義。

3 譯註：法國中小學學制是學年制，分三個學季，約每三個月打一次成績。文中提到的第一季成績單，應該是在該年十二月收到的。

4 譯註：法國公立學校是不需要交學費的。

5 我們知道在被佛洛伊德命名為「伊底帕斯情結」的衝突階段裡，男孩會想像如果自己的父親不在了，就可以在母親心目中以及在床上替代父親，並讓母親幸福，他們會有孩子。對小伊底帕斯（保羅）來說，這一系列的幻想既令他興奮，又帶著罪惡感。因為這意味著父親的消失，然而男孩是愛父親的。他之所以成為現在的自己，都是因為父親對他來說是朋友也是榜樣。不過在這個案例裡，保羅還小的時候，他的愛戀對象是外祖母，外祖父則是情感對手；在他心中外祖父母的形象重疊上了父母的形象。當有不幸（或幸運）的事件發生時，孩子可能會想像是自己幻想的實現，這就是我們所說的『魔力信念』（la pensée magique）。

6 大家記得，保羅的父親在八歲，也就是保羅現在的年紀，成了孤兒。

7 可能是把外祖父在醫院的「手術」以及早產的小妹妹（性別不同）在醫院的出生聯想到了一起。

8 譯註：此處法文原字 opération，既有數學運算的意思，又有手術的意思。

9 第一層意義來說，就是他所說的內容都是真實的。第二層意義上，就是在自由抒發的說話方式中，省略沒有說出來的字句卻意味深長，還有在講話中透露出不同的內容與無意識幻想產生的連結。

10 譯註：即馮絲瓦茲．多爾多醫師。

11 譯註：前性器期的本能衝動（法文 pulsions prégénitales）指在性衝動建構階段，性欲的重心尚未歸屬於生殖器，而是在口腔、肛門等部位。

12 譯註：原始衝動（法文 pulsions archaïques）是指出生開始就有的基本欲望和需求，與強烈的情緒有關，如憤怒、恐懼和愛。原始衝動可以是正面的也可以是負面的。如果得到健康的疏導，可以是有益的；但如果掌控不當，也會有毀滅性。原始衝動常與早期的生活經歷有關，例如與母親的關係。也可能與創傷或極端壓力的經歷有關。原始衝動可以以多種方式表現出來，例如：衝動或強迫行為、強烈的情緒反應、睡眠或飲食障礙、心理健康問題。原始衝動如果沒有得到適當的疏導，可能會導致心理問題，例如憂鬱症、焦慮症、人格障礙、依附障礙等。

13 譯註：力比多（Libido），生命的能量，是佛洛伊德精神分析理論中的一個核心概念。佛洛伊德認為力比多是所有心理活動的動力，源於所有人類行為的根本。他將力比多分為兩種類型：性欲力比多以及自戀力比多。

幕後花絮

與作者女兒的巴黎之約

去年（二〇一三）秋天，曾多次書信來往請益的多爾多的女兒卡特琳·多爾多醫師（Catherine Dolto），在得知我將到巴黎時，主動表示非常希望一見。她工作滿檔，但還是在百忙之中與我約了星期天傍晚在她帶領的助產士觸覺治療（Haptonomie）集訓後見面。我很高興地帶上了請託好友鄭乃華小姐從台灣帶來的「當孩子出現」第二冊以及家中收藏的第一冊，想給她做紀念，也很高興終於有機會可以與女兒當面致謝卡特琳，因為當年我與先生就是在法國醫院提供眾多的陪產方式中，選擇了她倡導的觸覺治療（產前、生產及產後）來迎接我們的兩個孩子。

在巴黎十三區的一家露天咖啡館，我們三人（加上乃華）見到了雖有些疲累仍然神采奕奕的卡特琳與她先生。她很驚喜地看了又看這兩本譯成完全不同文字的書，也很關心台灣讀者對她母親著作的反應，還仔細詢問了這兩本書的編排方式並試著了解台灣以及華人社會概況。

接著她熱情地邀請我們到他們家。穿過滿是書架的走廊，她引領我們參觀了書房——她寫作的地方。介紹牆上的舊照片還有她母親當年接待患者的長沙發，客廳裡擺放著她母親當年問診時讓小朋友們畫畫的一張小桌子加小椅子，就如同她的母親在專業診療的領域裡仍陪伴著她。陽台上，傍晚金黃亮橙的夕陽正映照在遠處的艾菲爾鐵塔上。

這次的會面除了是譯者與作者女兒的會面，還讓我有機會當面感謝在她母親著作中得到的啓發，並感謝她的觸覺治療嘉惠了我們的家庭。

譯後記

劃過黑暗天際的閃亮流星

多爾多「當孩子出現」系列第三冊也是最後一冊《愛孩子本來的樣子：讓法國教養專家刷新你的育兒視角》出版前夕，我們可以再看看今天出版馮絲瓦茲．多爾多著作的意義。

「當孩子出現」這個廣播節目名字，取材自法國文學家維克多．雨果《秋葉集》中的一首同名詩作。[1] 相較於法國許多長壽的廣電節目，這個僅僅維持不到兩年的廣播節目，其實是非常短暫的。可是它卻像閃亮的流星劃過黑暗的天際，璀璨的光芒在人們心裡留下既深廣又長遠的印象和影響。多爾多的理念在一九七六年到一九七八年透過這個廣播節目，進入到法國每個家庭，讓這位原本默默工作的臨床心理治療師成為家喻戶曉的人物。當時眾多法國國民聆聽她堅定又愉悅建議的盛況，如同將整個法國下一代的教育重責，托付給了這位將近七十歲的專業長者。她很早就已經堅信，父母和孩子之間的關係是需要悉心維繫的，雖然不想給大家一種神奇助力（aide magique）的錯覺，但是她透過空中傳達的實例解說和知識理論，確實如神奇之音般幫助了非常多的父母以及孩子，也啟發了許多聆聽者。

她的一些觀念如今在法國已經視為當然，甚至於大家都忘了其實是由她開始提倡的。二十一世紀的年輕父母沒有意識到這位先驅的遺澤有多麼廣泛。例如：在新生兒科，醫護人員和父母親從孩子出生的第一天就開始對他們說話，這是多爾多的方法。多爾多的創新在於她承認孩子是一個獨立的個體，與成年人一樣，有能力表達自己。她拒絕「嚴苛的教育」和訓練，主張一種尊重孩子語言和需求的教育。她認為語言對於理解現實至關重要，建議從孩

1 「當孩子出現」是維克多．雨果（Victor Hugo）一八三一年出版的《秋葉集》（*Les Feuilles d'automne*）中的一首詩作的標題。它描述一個孩子的出生帶給家族每個人歡樂以及希望，將孩子與自然世界相比喻，簡單感人容易喚起普世情感的共鳴。

子出生起就對他們說真話，避免隱瞞和謊言。因為對人類來說，最糟糕的就是沒有透過語言來理解現實。大多數學校和托兒所的專業人員需具備溫和但有約束力的自我管理，這也是源自多爾多提出的概念。她鼓勵父母站在孩子的高度觀察、傾聽他們、與之交談，並提出開放性問題。

多爾多的另一個主要貢獻，是將精神分析從神聖的診所中帶出來，讓所有的人都能接觸到。多爾多除了在她個人的精神分析診所工作之外，長達三十八年每週二在巴黎圖晏醫院（Hôpital Trousseau）進行精神分析義診，接受各個階層背景的父母與孩童。豐富的臨床經驗深深地應證到防微杜漸的重要。她的教澤繼續滋養我們的日常生活，並支持孩子和成人的發展及關係。因此，今天在法國與全世界，多爾多的精神仍然需要繼續傳播下去。

去年十一月法國元老級出版社加利瑪（Gallimard）重新編纂出版馮斯瓦茲・多爾多作品合輯，回顧這位三十五年前去世的傑出精神分析師的著作。台灣心靈工坊這兩年陸續出版的「當孩子出現」系列可說與法國同步。今天繼續傳播她的思想對於支持孩子的和諧發展和豐富家庭關係至關重要，也讓我們有機會親炙一位富含法國民族文化底蘊的精神分析師。

譯後記

疫情期間，在台灣暫留超過一年的時間，讓去國多年的我看到仍然存在台灣社會中以追求學位為第一要務的父母們、崇尚標準答案、競爭比較、威權教育、校園霸凌、校園與社會的性事件、美育的缺乏、人們閒談中常提到的媽寶男與公主病，這些其實都反映出在成長中發生的問題。這不禁讓我想到多爾多書中談到的許多實例。如果能夠讓父母知道該怎麼去跟孩子溝通，以及知道如何去扮演父母的角色，很多時候可以避免掉一些不幸事件的發生。希望台灣的讀者能夠參考多爾多的建議，思索應該採取什麼態度來應對。父母不要把自己的欲望和壓力以愛為名，加諸在孩子身上。

欣喜多爾多的書在台灣引起不小的迴響，除了電台邀約、演講討論活動外，台灣拉岡實踐與推廣協會也特別為此辦了十多次的讀書會，由精神科醫師或心理諮商師及心理學愛好者帶領讀者，深入探討分析書中的內容與實例。在此希望多爾多的理念與實踐可以生根發芽滋養台灣這塊土地的底蘊。

科技進步帶來的許多便利，並非可以代表全民的進步，特別是關於心靈人性的成長。我的父親與母親一直相信，教育可以帶來觀念思想行為的進步，健康的個人與和諧的家庭會帶來社會國家穩定，也跟多爾多強調的公民理念不謀而合。

如今我的孩子已經成年了，藉由這次寫後記的機會，有天突發奇想發了簡訊詢問女兒和兒子，對成長過程以及對我有何感想。

很快地兒子打來電話，簡短地說，他覺得我與先生在教育上自由與限制之間平衡的很好，對他充分尊重。他覺得成長的過程是開心的，沒有什麼特別要說。不過倒是問起我：「對妳來說，怎樣是個好媽媽呢？」「我沒有真正想過這個問題，我常想的是如何做一個人。不過，我應該一直都在學習如何做媽媽。」

女兒則是用短訊回覆：

「對我來說，我認為在我們家溝通和傾聽是非常重要的。我很幸運，因為有你們做為父母，讓我感到備受聆聽和支持。我也感受到尊重以及很多的關懷與愛。我一直發現妳有辦法用最準確的語言告訴我妳的感受和想法。妳一直都帶著真誠，支持我，支持我們一家人。妳讓我會渴望像妳那樣仁厚地盡力把事情做好。善良、仁慈往往也是別人欣賞我的地方。還有處事謙虛，妳教我提防傲慢。這種謙遜有時會讓我太低調，我現在正在學習持平地展現出自己的優點。妳還給我講了很多的繪本和故事，即使只是我們之間的日常對話，都帶給我很多的想像力。我也很感謝從小妳就用中文和我們說話，妳選擇讓我們與台灣連結。隨著時間的推移，我意識到父母親在另一個國家生活時，要將故鄉的語言、文化傳遞給自己的孩子是多麼大的挑戰。現在，雖然我大部分的時間都在歐洲，但我仍然感覺得到與中文和台灣有著緊密的連結。寫這個短訊的過程中，我意識到很難這樣三言兩語說出我們之間的關係，因為我在成長的過程中是多麼地幸運，一直和妳有非常豐富的交流。」

父母與子女的終身成長學習進程，如同兩條各自發展又相互伴隨時而交會的線。對我來說，家庭可以是人世的樂土，可以媲美聖經裡的天堂。家族相處亦可如同一場流動的盛宴，溫暖的野營篝火，繼續綿延心靈的記憶和血緣[2]的連結。

著手「當孩子出現」系列三本書的翻譯，從《孩子說「不」，才會去做》、《孩子有話，不跟你說」到《愛孩子本來的樣子》，耗時兩年多，陪伴我的是法文版封面上頭髮灰白、握筆書

2 也有非血緣的家庭組合，例如領養家庭或寄養家庭。在法國常用「愛心關係」（lien du cœur）形容這樣的家庭，與「血緣關係」（lien du sang）的家庭做區分。

寫、注視著鏡頭的多爾多。原本是廣播節目謄寫為文字稿出書，一位資深嚴謹精神分析師的口語敘述與專業文字，常須再三斟酌，翻譯疏忽謬誤之處，尚請大家見諒與指正。這篇後記寫來，千端萬緒，只好這樣，因為當討論觸及人生時總是很難盡述。

再次感謝心靈工坊編輯團隊，總編輯徐嘉俊先生，責任編輯裘佳慧小姐，卡特琳・多爾多醫師，好友Sonia小姐，Bruno Mortgat先生以及親友。當然更感謝馮絲瓦茲・多爾多醫師。

單俐君

二〇二四年六月四日於法國

心靈工坊 PsyGarden

LoveParenting 007

愛孩子本來的樣子：讓法國教養專家刷新你的育兒視角

Lorsque l'enfant paraît. Tome 3

著—馮絲瓦茲・多爾多（Françoise Dolto） 譯—單俐君

合作出版—雅緻文化有限公司（愛兒學母公司）

出版者—心靈工坊文化事業股份有限公司

發行人—王浩威　總編輯—徐嘉俊

責任編輯—裘佳慧　內文版型設計—陳俐君

內文排版—旭豐數位排版有限公司

通訊地址—106 台北市信義路四段 53 巷 8 號 2 樓

郵政劃撥—19546215　戶名—心靈工坊文化事業股份有限公司

電話—02) 2702-9186　傳真—02) 2702-9286

Email—service@psygarden.com.tw　網址—www.psygarden.com.tw

Cet ouvrage, publié dans le cadre du Programme d'Aide à la Publication « Hu Pinching », bénéficie du soutien du Bureau Français de Taipei. 本書獲法國在台協會《胡品清出版補助計劃》支持出版。

製版・印刷—中茂分色製版印刷事業股份有限公司

總經銷—大和書報圖書股份有限公司

電話—02) 8990-2588　傳真—02) 2290-1658

通訊地址—242 新北市新莊區五工五路 2 號（五股工業區）

初版一刷—2024 年 6 月　ISBN—978-986-357-382-1　定價—440 元

國家圖書館出版品預行編目資料

愛孩子本來的樣子：讓法國教養專家刷新你的育兒視角 / 馮絲瓦茲・多爾多（Françoise Dolto）著、單俐君譯．－－初版．－－臺北市：心靈工坊文化事業股份有限公司、雅緻文化有限公司，2024.06

面；　公分．－－（LoveParenting；07）

譯自：Lorsque l'enfant paraît, tome 3

ISBN 978-986-357-382-1（平裝）

1. CST：兒童心理學　2. CST：兒童發展　3. CST：親職教育

173.1　　113008071

心靈工坊 PsyGarden 書香家族 讀友卡

感謝您購買心靈工坊的叢書，爲了加強對您的服務，請您詳填本卡，
直接投入郵筒（免貼郵票）或傳眞，我們會珍視您的意見，
並提供您最新的活動訊息，共同以書會友，追求身心靈的創意與成長。

書系編號—LP007　書名—愛孩子本來的樣子：讓法國教養專家刷新你的育兒視角

姓名　是否已加入書香家族？☐是 ☐現在加入

電話 (O)　(H)　手機

E-mail　生日　年　月　日

地址 ☐☐☐

服務機構（就讀學校）　職稱（系所）

您的性別—☐1.女 ☐2.男 ☐3.其他

婚姻狀況—☐1.未婚 ☐2.已婚 ☐3.離婚 ☐4.不婚 ☐5.同志 ☐6.喪偶 ☐7.分居

請問您如何得知這本書？

☐1.書店 ☐2.報章雜誌 ☐3.廣播電視 ☐4.親友推介 ☐5.心靈工坊書訊
☐6.廣告DM ☐7.心靈工坊網站 ☐8.其他網路媒體 ☐9.其他 ______________

您購買本書的方式？

☐1.書店 ☐2.劃撥郵購 ☐3.團體訂購 ☐4.網路訂購 ☐5.其他 ______________

您對本書的意見？

- 封面設計　☐1.須再改進 ☐2.尚可 ☐3.滿意 ☐4.非常滿意
- 版面編排　☐1.須再改進 ☐2.尚可 ☐3.滿意 ☐4.非常滿意
- 內容　☐1.須再改進 ☐2.尚可 ☐3.滿意 ☐4.非常滿意
- 文筆／翻譯　☐1.須再改進 ☐2.尚可 ☐3.滿意 ☐4.非常滿意
- 價格　☐1.須再改進 ☐2.尚可 ☐3.滿意 ☐4.非常滿意

您對我們有何建議？

▲您的意見，我們將轉貼在心靈工坊網站上，www.psygarden.com.tw

廣　告　回　信
台北郵局登記證
台北廣字第1143號
免　貼　郵　票

心靈工坊 PsyGarden

台北市106 信義路四段53巷8號2樓

讀者服務組　收

（對折線）

加入心靈工坊書香家族會員
共享知識的盛宴，成長的喜悅

請寄回這張回函卡（免貼郵票），
您就成為心靈工坊的書香家族會員，您將可以——

⊙隨時收到新書出版和活動訊息

⊙獲得各項回饋和優惠方案